田舎坊主の七転八倒！

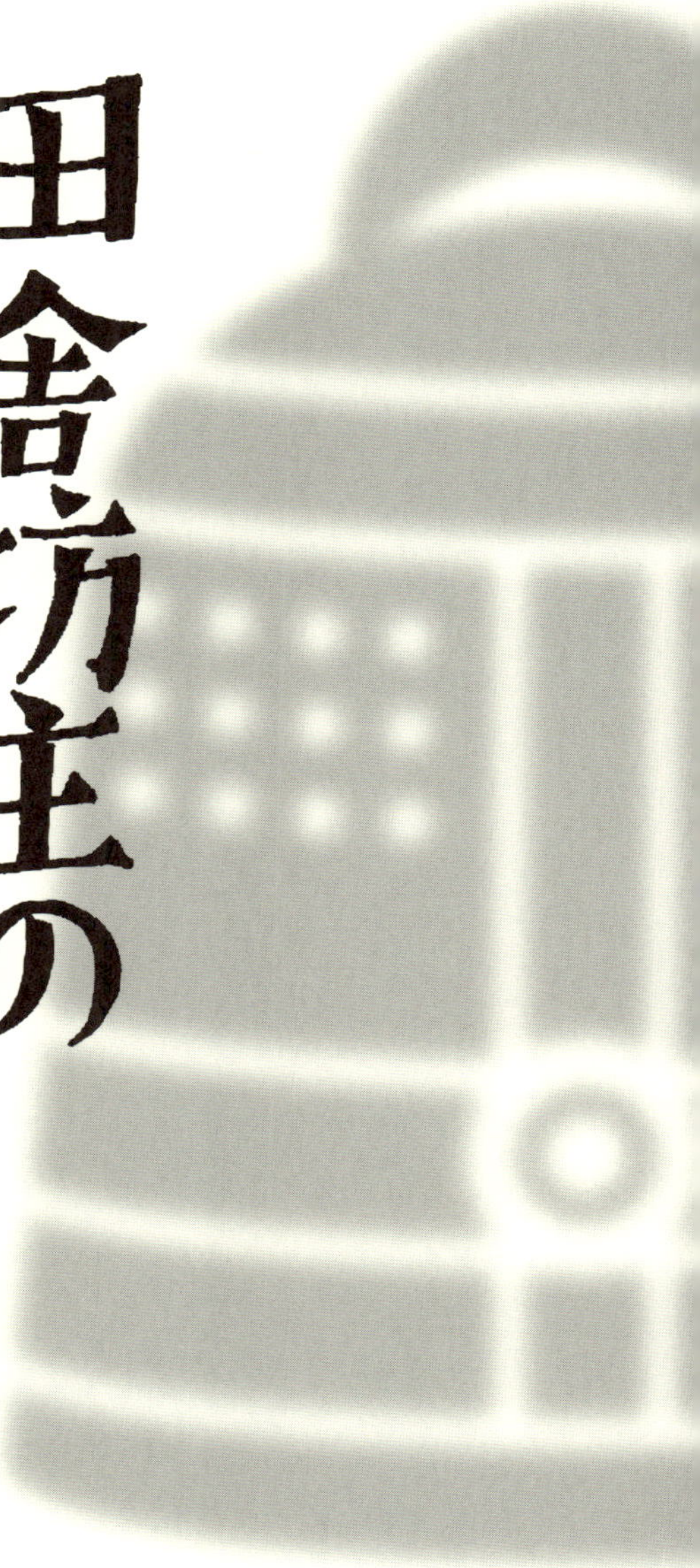

森田良恒
Morita Yoshitsune

文芸社

本文イラスト　森田　良恒

はじめに

しかたなく、いやいや寺の跡を継ぎ、必死で駆け抜けた四十年でした。

最初は、坊主をするかぎりは専業でという意地がかえって自分を追いつめ、毎日もがいていたように思います。

しかし、少し前向きに歩み始めて十年ほどたつと不思議なもので、一から始めた日《にち》行《ぎょう》参りも軌道にのり、習い始めたご詠歌《えいか》はもともと学生時代には声明《しょうみょう》が得意だったこともあって習得が早く、師範を許され、習いたいという生徒も出てきました。最盛期には七カ所で教室ができるほどになりました。

その上で、独学で練習していた津軽三味線も習いたいという生徒ができ、三味線森田会として三つの教室を持つことになったのです。

その頃は週のうち五日はご詠歌と三味線の教室で教えていました。

また、ある私立の進学高校から非常勤講師で招かれ、先生として七年勤務し、さらに三十五歳の時には和歌山県内でも最年少の公民館長を拝命することになったのです。そして公民館長を十年つとめると、その後、役場からも声がかかり、これも非常勤で教育委員会に勤務することになりました。

難病の次女が五歳で亡くなったことから、患者会の全国副代表をつとめることにもなり、毎月出張で上京していました。

人生は不思議なもので、何もすることがなかった若い頃がうそのように、多忙を極めるようになっていたのです。

その間、時代とともに私をとりまく状況は大きく変化し、昔はいやがっていた坊主も、役場勤めも、学校の先生も皆経験し、はじめに自分が決めたものとは全く違った人生を歩んでいたのです。

＊

この本は、私の小坊主時代や、坊主となって本来の勤めである法事、お盆、お葬式という行事のなかで経験したこと、印象的に記憶に残っていることなどのエピソードをしたためたものです。

読者の皆さまには、田舎寺の縁側で住職の四方山話を聞いているつもりで、楽しく気楽に読んでいただければ何より幸いです。

合掌

田舎坊主の七転八倒！——◎目次

はじめに　3

坊主はいやなんです

高野山へ　10

救いようのない小坊主　10／親の心子知らず　16

法事です

若い頃　22

天井がまるでお肉　22／塔婆が逆！　26／飲み過ぎました　29／後ろがうるさい　34

祀り方　39

ご本尊は？　39　／　坊主より詳しい？　43　／　それほど形を整えても　49
何が大切？　55
名付けて不自由に　55　／　お経テープの使い方　60　／　募金箱　65

お盆です

暑いので　72
お盆は暑いものです　72　／　おじいちゃんの珍接待　76
お施餓鬼　81
細工しないで　81

お葬式です

土葬の思い出　90
坊主も「山行き」するんです　90　／　「山行き」が帰ってこない　95

高齢化　100
老僧の悲哀　100／読経の声が合わない　106
新しい葬式　112
遠隔引導　112
導師が揺れる?　117
供養は「食うよう」　117

医は仁術
七転八倒さえできない　126

おわりに　135

坊主はいやなんです

高野山へ

救いようのない小坊主

私は、坊主には絶対なりたくないと思っていました。

男兄弟三人の末っ子で、普通高校に行き、普通大学に行き、普通のサラリーマンになると思っていたのです。しかし、兄二人が早々に普通高校、県外の大学に行き、普通のサラリーマンになったため、あわてた父親は私を高野山高校に入れようと中学校の先生に協力を求め、説得にかかったのです。

私の拒否反応はその話があった中学三年生の二学期の終わり頃から現れ、その後のテストというテストはすべて白紙で提出し、しまいには担任から怒られるだけではなく、職員室に連れていかれた上、職員会議の席ですべての先生に土下座をさせられる羽目となりました。この時のみじめさと悲しさは、私の脳裏から離れることはありませんでした。

しかし、結局、高野山高校を受験することとなり、入学試験では一泊二日で高野山の宿坊《しゅくぼう》に宿泊することになっていて、私の説得にあたった先生が付き添ってくれることになりました。

この期に及んでもまだ受験を受け入れることができず、高野山行きの南海電車に乗った時から体が拒否反応を起こし、電車のなかで何度も吐いてしまったほどです。後から気づいたのですが、受験の際宿泊した宿坊が、私が高校・大学と七年間お世話になる師僧《しそう》のお寺でした。

そこまで父親は段取りをつけていたのです。

＊

残念ながら高野山高校に合格してしまい、それとともに師僧の宿坊で小坊主として住み込むことになってしまいました。

入学当初は、はじめての下宿生活で、十五歳になったばかりの少年が突然、「他人の飯を食う」ことになり、しかも朝早くからの勤行《ごんぎょう》、宿泊客の布団あげ、朝食の配膳、食事中のお味噌汁やご飯のおかわりの賄い、お膳の片付け、お客さまの見送り、掃除などで、強烈なホームシックにかかったこともありました。

当時の私の日記には「おかちゃんの卵焼きが食べたい。足袋を縫ってもらいたい」などとつづられていました。

お客さまを送り出してやっと自分の朝食をとることができます。

寺に古くからいる執事さんや古老などから食事をとるため、一番若手は最後の方になります。おかずはそれぞれ個別に盛られているわけではないので、どうしてもお味噌汁やおかずは残りわずかとなります。ただ漬物とご飯だけは十分にあったので空腹になることはありませんでした。

このことが良かったのか悪かったのか、高校二年生になった頃には私の体重は八十キロを超えていました。

そしてこの頃になると、後輩も入ってきて、それまで猫をかぶっていた本性が少しずつ現れてきたというか、反抗の芽が再び頭を持ち上げてきたのです。

昭和四十二年当時、高野山ではお寺から出るゴミは個別に焼却場へ持っていかなければなりませんでした。軽四貨物車に積み込み、先輩と二人一組で運ぶのですが、私は時々先輩にすすめられて運転をしていました。当然、無免許です。

これが私の運転欲に火をつけたのです。

軽四貨物車だけではなく乗用車にも乗ってみたいと思い始め、目をつけたのが住職

の自家用車でした。

もちろん、車のキーはありませんから作らなければなりません。当時の車のキーは部屋のドアキーなどとよく似ていたので、五寸釘をたたいてつぶせばそれらしきものを作れるような気がしたのです。そうしてできたのが五寸釘キーでした。

お客さんのいない夏の夜、パジャマのまま部屋を抜け出し、住職の車に近づき、ドアに五寸釘キーを挿しました。ところがドアには鍵がかかっておらず、そのまま開き、後はエンジンがかかるかどうかです。というより問題はキーが入るかどうかです。

……なんとキーはスムーズに入り、エンジンがかかったのです。この時の私の心臓は肋骨の隙間からはみ出しそうな鼓動を打っていました。

私は静かに寺の門を開け、住職の自家用車を門の外に出し、外から門を閉め、誰にも知られないうちに帰ればいいと、奥の院方面へ車を走らせました。

奥の院入り口の一之橋に近づいたところで一台のパトカーに出合いましたが、まだ自分を探しているとは思わず、とりあえず脇にそれた路地に車を止め、知らん顔をして同級生のいる宿坊に向かいました。

ところがすでにこの時、住職から私が無免許で自家用車を運転して寺を出たと、警察に電話が入っていたのです。

そうとも知らず私は、同級生のいる宿坊入り口に着くと、ただ警察官を見るとやはり悪いことをしているという思いから、とっさに宿坊入り口近くの太鼓橋の下に隠れました。するとその太鼓橋の上で、

「こちらは高野山警察の○○、車発見。犯人いまだ逃走。橋本署、応援頼む……」

と、無線でやりとりしているではありませんか。

いい、犯人の私はもうパニックです。逃げられません。石垣を這い上がり、あえなくご用となりました。

高野山警察署では平身低頭、ただただ謝るばかりです。

住職は私を破門したいくらいだった気持ちをおさえ、

「弟子の行動は私の責任です。どうか寛大なる措置を。どうか穏便に」

と、警察に訴えてくれました。

おかげさまで、私は何のおとがめもなく、再び寺の生活に戻ることができたのです。

この一件は私にとって反抗期から抜け出す大きな転機となりました。救いようのないやんちゃな小坊主も師僧のおかげで少しは心を入れかえ、高野山高校卒業時には高野山真言宗管長《かんちょう》賞に次ぐ宗務《しゅうむ》総長賞という栄誉を賜り、高野山大学へは推薦奨学金もいただくことができました。

親の心子知らず

結局、高校、大学と高野山で過ごし、僧侶になる修行は済ませたものの、大学卒業後の進路は寺の跡継ぎではありませんでした。

というのも、私が高野山大学で専攻したのは当時新設された社会福祉学科だったため、大学としても社会福祉学科第一期生として、できるだけ多くの卒業生を社会福祉関連に就職先を決定させるという目標を掲げていたのです。そのため、いくつかの施設で実習や研修を行った上で、私は大阪のある介護老人保健施設に就職を決めていました。

しかし、当然ながら父親は私の就職を受け入れず、みずからが役場勤めをしながら住職をしていたことから、自分と同じような役場勤めをするか、または坊主をしながら学校の先生になるか、執拗に兼業をすすめてきたため、かえって反抗し続けた私がいました。

この時には、父親が兼業だったからこそ私たち兄弟三人を育て上げ、大学まで行かせることができたのだということを考える余裕など全くありませんでした。

父親に対する私の反抗は、〝どうせお寺を継ぐのであれば専業でやっていく〟という、意地のようなものを芽生えさせたのです。

＊

しかし、現実はきびしいもので、お寺にいても仕事がないのです。

若いのにぶらぶらしているように思われるのがいやで、朝八時から夕方五時まで紀ノ川で魚釣りをして時間をつぶす日が続きました。
そんななか一番心癒やされたのは、共働きの兄夫婦にできた姪っ子の子守でした。かわいい姪っ子が私を慕ってくれ、子守は日々の唯一の楽しみでもありました。

*

父親は兼業のため、日行参りは行っていませんでしたので、私は坊主専業でいくならこれではいけないと、昭和

四十九年、古い過去帳を整理し、お参りカレンダーを作り、日行参りを始めるようにしました。

毎日、檀家さんに、

「お参りさせてもらってもよろしいでしょうか？」

と電話をかけ、少しずつ仕事を作っていったものの、ある時には、

「若いのにあまり仕事がなかったら、体がなまってしまわないかい？」

と、皮肉を言われることも二度や三度ではありませんでした。

檀家さんの目を気にしながらも、本当の空腹を知るために断食道場に行き、帰ってきてからはご詠歌も習い始め、専業坊主めざし、五里霧中のなか、私は何かを探すように手探りで歩き始めたのです。

法事です

若い頃

天井がまるでお肉

檀家さんにとって私のような小坊主でも、寺の跡継ぎができた安心感や物珍しさもあり、法事も新鮮な感じがするとかで、案外歓迎されていたように思います。

しかし法事の後、「斎《とき》」と呼ばれる食事の席につきますが、食事をいただいていて皆さんだんだんお酒が回ってくると、法衣を着て上座に座っている坊主であっても、参列者から「今の若いもんは……」という話になることがたびたびあります。

昭和五十年頃、法事に来る大人の人たちは、戦中戦後の食糧難の時代を乗り越えた人ばかりで、小学校の校庭にまでサツマイモを植えてそれを主食とした世代です。しかしイモだけでは足らず、イモの蔓まで食料にしたという飢えた時代を体験した人の、食べ物に限らず、何よりも物の大切さを話す言葉には大きな説得力がありました。

それに比べて、私は高野山の宿坊で小坊主時代を過ごし、ご馳走と呼べるものは食べていなかったとはいえ、白いご飯だけはタップリあったし、おかずはなくても空腹になることはありませんでした。

ですから、本当の空腹やひもじさというものを感じたことがないのです。

そんな私がひもじくつらい時代を生きてきた人たちよりも上座に座り、法衣を着て法事を勤めるためには、せめて本当の空腹感を経験する必要があると思い始めました。

そこで断食です。

＊

私がお世話になった断食道場には、多くの人が内臓の調子を整えるために来られていました。そこでは最長の断食期間が一ヶ月で、そのうち本断食と呼ばれる絶食期間は一週間と決まっています。

しかし私はこれを修行と思い、どんなことが起こっても自分が責任をとるということで、無理にお願いして本断食を二週間にさせてもらいました。これで、はじめの一週間が減食期間、次の二週間が本断食、残りの一週間が復食期間と決まりました。

本断食中には夜、布団に入ると、空腹にさいなまれ、部屋の天然木の天井がまるでお肉が並んでいるように見えるといった妄想にかられました。

ようやく本断食が終わり、減食開始から二十二日目に復食が始まりました。久しぶりに食べ物を口にすることができる日が来たのです。食べ物といっても一日二杯のおも湯です。

ところが、このただのお粥の汁のようなおも湯が、なんと美味しいこと！　涙が出るほど、おいしいのです。

この時に思いました。
おなかが空っぽだったからこそ、おも湯に豊かで深い味わいを感じることができたのだ、と。
そして足らないことを経験してみないと、豊かなものを感じることができないのだと、その時つくづく思い知らされました。

この断食を終えて家に帰った時、一ヶ月で六キロ近く痩せた私を迎えてくれた母が、

「痩せてかわいそうに」

と、号泣するのです。

はじめて母を泣かせてしまいました。

塔婆が逆！

法事には塔婆《とうば》がつきものです。塔婆、正式には卒塔婆《そとば》です。

当地ではこの塔婆、亡くなられた方の戒名《かいみょう》を書いたものと、施主《せしゅ》当家の先祖代々の菩提《ぼだい》供養を書いたものの二本が基本的なもので、法事のご先祖が複数霊あればその分、塔婆の本数が増えることになります。

塔婆はおうちで読経を済ませた後、みんなで墓参りの際に持参し、墓石の後ろか塔婆立てにさし、故人の供養をするものです。

現在ではこの塔婆、お寺が用意し、法事の依頼があれば前もって書いておいて、法事当日に持参するのですが、私が小坊主の頃は、田舎といえども小さな雑貨店があって、そこで当家が必要な本数の塔婆を買い求め、床の間にしつらえられた祭壇の横に墨汁の入った硯とともにその当家が準備していました。

来客が正座し、その衆人環視のなか、法事が始まる前、おもむろに幅七センチ、長さ九十センチの塔婆を左手で持ち、右手に墨を含ませた筆を持って、サラサラ、サラッと格好良く梵字《ぼんじ》から始まって戒名を書くのですが……。

そんなふうにうまくいけばいいのですが、そもそも世間一般には「坊主は字が上手」と間違った（?）常識が流布しているなかで、愚僧は字が汚いことこの上なく、苦手なのです。しかも法事にひとりで行き始めて間もなくの頃です。法事のお客さま全員の目が一点、筆先に集中するのですから、緊張するのなんのって……。

しかし、ここで逃げることもできないため、とりあえず、祭壇の位牌を見ながらやっとのことで二本の塔婆を書き終えました。

ところが、どうも塔婆の姿がおかしいのです。立てて祭壇に並べてみると……上下逆なのです。

昭和四十八年頃の塔婆は、現在のように梵字の部分が五輪塔《ごりんとう》のような切り込みがなく、上部が緩やかな三角に面取りされ、足下は土中に差し込むために鋭く矢先のように切り込まれています。

それでも本来なら間違うことはないのですが、あまりの緊張にその時は足下部分から梵字を書き始めてしまったようです。

祭壇に立ててすぐに気づいたので、

「申し訳ないです。塔婆を天地逆に書いてしまいました」

と話したところ、

「いやあ、べつにわからへんからいいですよ」

と、はっきり上下逆とわかるにもかかわらず、施主さんはいやな顔一つせず優しく了解してくれました。


四十年も前の昔のことなのに、その時のことは今でもはっきり記憶に残っています。

そしてその時、人の間違いを、ある時には優しく受け入れ、包み込むことの大切さを学んだように思いますが、いまだに私自身実行できているか、大いに疑問に思うこの頃であります。

飲み過ぎました

法事などで僧侶に出す食事のことを「斎」と言います。

平成に変わるまでは、本膳、二の膳が一般的で三の膳がつくところもありました。このうち三の膳は家で待っている家族のためのものと聞いたことがありますが、現在ではもっぱら幕の内が主流となっています。

＊

お釈迦《しゃか》さまの時代から、僧侶に食事を提供することはとても大きな功徳があるとされてきました。

斎について、お盆の行事が始まりとされます。

古来、インドでは、四月一五日から七月一五日の雨期の間、僧侶は外出を禁じられ、室内で皆で修行する安居《あんご》という期間がありました。その安居が明け、「僧侶たちに何か食べ物を施し、供養しなさい」とすすめられたのがはじまりであり、お盆の起源となったとあります。

また、こんな逸話があります。

お釈迦さまの弟子であるモッガラーナ（目連《もくれん》）が、餓鬼道《がきどう》というつらい地獄の一つに落ちた母を救うため、その方法をお釈迦さまに聞きました。

そもそも、モッガラーナ（目連）の母が餓鬼道に落ちた理由は、他を愛することがなかったからです。子どもであるモッガラーナ（目連）は何よりも大切に、あふれるほどの愛情を持って育ててきたけれど、母は他の子どもや人には目もくれず、それらを大切にし愛する心がなかったため、餓鬼道に落ちたのです。

そのため、他を思う心を持つ実践として、人々の幸せや平安を願う修行をしている僧侶たちに食事を提供することがとても大切なことだと、モッガラーナ（目連）はお釈迦さまに諭されたのです。

そしてこのことがお盆の行事である「お施餓鬼《せがき》」として、自分の先祖や縁故だけをお祀りするのではなく、「三界萬霊抜苦与楽《さんかいばんれいばっくよらく》」と書かれた、自分と縁のない仏さまにも水を手向けるお盆の習慣ができたのでしょう。

*

また、お寺の護持《ごじ》運営の費用として、ほとんどの寺院が檀家さんから「斎米《ときまい》」と称する志納金《しのうきん》をいただいています。昔は春と秋に麦や米などでお寺に納められていましたが、今ではほとんどお金で納められます。お寺の護持運営と言いながら、かつては専業坊主では食べていけなかったため、これが基本給みたいなもので、坊主の食いぶちだったようです。

ちなみに私の田舎寺では現在、年間二千五百円の斎米料をいただいていますが、光熱費や本堂のお供え物、修繕費など、まさに護持管理費に消えてしまいます。いじましい話ですが、当時の斎米料は千円だったため、法事での斎には助けられたものです。

今ではこの田舎でも専業農家は少なくなり、法事に集まる人は勤め人が多く、法事も土・日曜日や休日で、平日に法事を行う家はほとんどありません。そのため、休日に法事が重なり、どうしても食事に同席することができなくなり、お布施とは別にお膳料を包んでくれる家が多くなりました。

アメリカ向けのミカン栽培が最盛期だった昭和五十年頃は、農家は専業で勤め人も少なく、檀家のほとんどが農家の人たちで、休日平日を問わず法事をしてくれたので、必ずと言っていいほど、法事の後の食事、斎をいただくことが多かったのです。

*

そんなある日の法事で、いつもの通り上座に座り、当家の親戚の人たちと杯を交わしているうち、

「なかなか若はんは、いける口やなあ。やっぱり親院家《おやいんげ》はんの子やなあ」

などとおだてられ、若気の至りとでも言うべきか、へべれけに酔ってしまいました。挙げ句の果てには、当家の方三人ぐらいで寺まで送ってもらわなければならないほど酔ってしまったのです。

私が寺に帰ってきて、驚いたのは母親です。送ってくれた人に「申し訳ございません」と平身低頭するとともに、酔ってただただ笑い続けている私を裏の井戸の前に引きずっていき、裸にさせた上何杯もの水をぶっかけました。

それでも笑い続ける私に、

「法事で酔っぱらうにもほどがある！」

と、かなり怒っていたのを覚えています。もちろん覚えているのは水をかけられてから後のことです。

今度は母を怒らせてしまいました。私が母に怒られたのは、人生でこの時一度だけでした。

このことがあってから毎年、大晦日の除夜の鐘が鳴り終わった時間に、この井戸の若水《わかみず》で水行をするようになりました。

しかし、十五年たった秋口に、母は、

「冷水をかぶる姿を見るのがつらい」

と井戸の溜め桶を壊してしまいました。

水をかぶる後ろで手を合わせ、いつも見守ってくれていた、優しく厳しい母心に、私は十五年目にして初めて気づいたのです。

後ろがうるさい

法事に必要な時間は約一時間です。その内訳はおおよそ読経が二十五分、法話が十分、お墓参り二十五分で終了となります。

読経の最後には、般若心経や諸真言《しょしんごん》など、法事に来られる年齢の方々なら比較的なじんでおられるお経を中心に、「仏前勤行次第」という手づくりの小冊子を配って、みんなでお唱えします。

こんな方法にしたのは、昭和五十二年頃、法事にお参りして読経をしている時のことがきっかけでした。

＊

当時、法事に招かれる親類縁者のほとんどがミカン農家でした。

その人たちがそれぞれ農作業の進み具合や消毒、摘果、実のなり具合などを、法事最中、小声ではあるのですが真剣に話し出して、うるさいのです。

坊主の後ろに座ってただ訳のわからないお経を聞いているのが、ある意味、苦痛だったのでしょう。あるいは小坊主に遠慮は無用で、お経の最中であろうとそれほど失礼とは思われなかったのかもしれません。

私が至らないことも大きな原因ですが、とにかくうるさいのです。

そこでお経の最中の口封じのため考えたのが、昔ですから、鉄筆《てっぴつ》を使ったガリ版印刷で「仏前勤行次第」を作り、みんなで一緒にお唱えすることだったのです。

お経の後半で「ご一緒にお唱え下さい」と声かけをし、参列者全員で読経唱和を始めたところ、まずまず評判よく受け入れられました。しかも案外効果は早く出てきて、それ以来、読経中の会話は全くと言っていいほどなくなりました。


ところが困ったことも起きてきました。それは「仏前勤行次第」の冊子をほしいと言う人が増えてきたのです。

しかし、なんといっても当時はコピー機もワープロもましてやパソコンもありません。鉄筆で油紙に手書きし、インクを染み込ませたロールを一回一回、押し転がしながら刷り上げ、一冊ずつ製本するのですから、増刷が大変なことは言うまでもありません。

当初はお断りをし、お貸しするだけにしていたのですが、なぜか法事のたびに冊数が減っていくのです。

そうです。内緒で持って帰られるのです。

そこで思いついたのが、冊子ではなくＢ４用紙一枚に「仏前勤行次第」すべてを書き込んだものを作り、ほしい方にはそちらを差し上げることにしたのです。

しかしそれでも、

「冊子本の方が字が大きいから見やすいので、それがほしい」

と、言い出す人もありました。

そんなこともあったので、さらに思い切って、約四百部作って檀家の皆さまに一冊ずつ差し上げることにしたのです。


私は法事の時、よく言うことがあります。それは「寺から里へ」ということです。

かつては、農家でとれた野菜やミカンなどをお寺へ持っていくのはごく普通のことで当たり前のような行為でした。ですから「里から寺へ」は当たり前と言えます。

反対に、お寺のお供え物やいただきものなどを檀家さんに配るようなことはまずありません。ですから、「寺から里へ」という言葉は「めったにない」という意味を持っています。

しかしこの田舎寺では「仏前勤行次第」を無料で差し上げます。

「寺から里へを実践する、めったにないお寺なんですよ」

もったいぶって……。

ご本尊は？

法事とは亡き人のご供養をすることです。
葬式の後、初七日から満中陰《まんちゅういん》までの七回と、百日忌、一周忌、三回忌、七回忌、十三回忌、十七回忌、二十三回忌、二十七回忌、三十三回忌、三十七回忌、五十回忌とあります。すべてを勤めると二十回の法事をすることになります（二十五回忌、四十三回忌、四十七回忌を加えて二十三回とするところもあります）。

明治初め頃まで庶民は字が読めずお経をあげることができなかったため、その都度、お寺の本堂で僧侶にお経をあげてもらっていました。追善供養したいという風習により、やがて各家に仏壇が祀られるようになって自宅で法事をするようになったのでしょう。

*

仏壇の前で法事を勤めることもありますが、この辺りの田舎ではほとんど仏壇から位牌を取り出します。そして床の間にあらたに座敷机などで祭壇をもうけて法事をします。

祭壇の上には正面に位牌を置き、花瓶、線香立て、花立て、ロウソク立てなどを並べます。果物やお菓子、季節の花や故人の好物だった品々もたくさん供えられます。

法事とは本来、亡くなって自らお経をあげることができなくなったご先祖さまに代わって、僧侶を招き、遺族とともに、本尊にお経をあげ、功徳を積むことなのです。「追善」という言葉も、「善き功徳の追加」であって、法事同様、亡くなって功徳を積むことができなくなったご先祖に代わり、親類縁者が一堂に会して、最も功徳があるとされる読経をご本尊にお供えすることなのです。

ですから、一番大事なことは、仏壇の中の本尊やまたは本尊に代わる掛け軸を、祭壇の正面の奥に安置することなのです。


当寺の法事では「仏前勤行次第」の冊子を渡し、一緒に経をお唱えするようにすめますが、参加者が声をそろえてお唱えしてくれた時などは、

「今日は、ご先祖さまが皆さんの後ろの末席にいて『みんなで拝んでくれてありがとう。私の代わりに拝んでくれてありがとう』と、お礼を言ってると思いますよ」

と、私は話します。

要するに、あくまでもメインは当家のご本尊なのです。


しかし、ほとんどの家では位牌がメインのように中心、正面に置かれています。ご本尊は二の次のようになってしまっているのです。

その上、床の間の置物がそのまま置かれていて、本尊代わりのようになっているこ

とも多いのです。
その置物が、ある時は鷹の剥製だったり、鮭をくわえた熊だったり、ある時は徳利を持ったタヌキがヘソを出して立っていたりすることもありました。
私は同じタヌキでも、楊子《ようじ》をくわえた紋次郎タヌキ（昭和四十七年からテレビ放映された『木枯らし紋次郎』を真似た置物）にもお経をあげたこともあります。

坊主より詳しい？

仏事に関しては各宗派違いがあります。さらには同じ宗派でも地域によっても違いがあります。

これは、仏事がそれぞれの地域の特色や歴代の住職の考え方などが大きく影響し、文化の一部として慣習化したものが少なくないからでしょう。

たとえば同じ宗派であっても、かつては土葬と火葬が共存していたため、それぞれの葬送の仕方を受け入れないところがありました。土葬埋葬は亡きがらを捨てるようで、しかもその上に重い土をかけるのがかわいそうだと言い、一方、火葬は熱そうだからいやだと言います。

また、葬式を済ませて中陰の間、仏壇を閉じるところと開けたままにしておくところがあります。

当田舎寺では仏壇を閉めないようにお話しししています。

しかし親類縁者から閉めるように言われることが多いのか、この件についてはよく聞かれることでもあります。

仏壇は本来、ご本尊を安置するものです。ですから、ご本尊の安置されていない仏壇は、あくまでもご先祖の位牌置き場ということになります。

もともと仏壇を家に置くようになったのは、ご先祖供養のため、わざわざお寺へ行かなくてもいいように、いわばミニお寺を家の中に置く感覚で普及してきたと考えられます。

そのなかに方便として、ご先祖の位牌を同居させているのが現在の仏壇のありようなのです。

その証拠に仏壇をよく見ると、実際には位牌置き場というところはありません。本尊を安置している須弥壇《しゅみだん》という高台《こうだい》に至る階段模様の段々上に位牌を置いているのが現状なのです。

あくまでも仏壇の主人はご本尊なのです。

特別に壇をしつらえお祀りされるのは、亡くなって間もないご先祖の魂が、名残なく迷うことなく黄泉《よみ》の国へ旅立ってほしいと願い、大切なご本尊に手を合わせ、護られ、導かれたいと思うからであります。

にもかかわらず、ご本尊のいます仏壇が閉じられていたのでは、祈念《きねん》が通じないのではないかと思うのです。

ですから、私は中陰の間も仏壇を開けておくようにお話しします。

＊

私の暮らす地域は二十数年前までは土葬が中心でした。

その後、多くの反対意見も出るなか、近くに火葬場もできたので、それからはすべて火葬に替わりました。

火葬の始まりは、二千五百年前、お釈迦さまはインド北部クシナガラで生涯を終え茶毘《だび》に付されたところからです。

火葬にされたお骨は世界七カ国に分骨され、それぞれガラス製の骨壺に納められ、それをお祀りする場所として仏舎利塔《ぶっしゃりとう》が建てられました。これがストゥーパと呼ばれ、漢訳され、現在の卒塔婆になったのです。

お骨になったということは、すべてが自然に還ったことであります。

すべてが自然に還った燃え残りとしてのお骨でさえ、あまりにも偉大なお釈迦さまのものであればこそ、貴重なガラスの器に容れ、これを礼拝する対象としたのです。

弘法大師《こうぼうだいし》ご入定《にゅうじょう》の後、高野山を真言宗の根本霊場《こんぽんれいじょう》として完成させた真然大徳《しんぜんだいとく》が御《ご》廟《びょう》を修復された時、平成二年、瑠璃色に焼かれた骨壺がそのまま掘り出されました。

このことは全国紙にもカラーで報道されました。

その骨壺はそのまま真然大徳の御遠忌《ごおんき》で落慶《らっけい》された御廟に再び納められました。

このようにこういった方々の骨壺はとても大切に扱われるものであることは言うまでもありません。

しかし庶民は埋葬意識が残っていて、火葬してからもお骨を土に還すという観念で納骨される方がたくさんおられます。埋葬文化は「土に還る」を第一義とされていますので、骨壺に入ったままでは土に還れず、成仏できないと思うのでしょう。そういう方々は骨壺を割り、お骨を直接土に撒く必要があると考えているのです。

あるお宅の納骨供養の際、その親戚の長老らしき方が采配し出しました。

「おい、骨壺からお骨を出して、その穴へ撒いて……」

「壺を細かく割って、深いところに埋めて……」

私が口を挟む間もなく納骨は進んでいきました。

「その前に、写経した用紙はあるか？　それはお骨の下に敷くんや。よっしゃあ、それでええわ」

写経用紙の取り扱いまで指導したところで、

「次は土をかけるんや、一鍬ずつでええで」

と、参列者を順番に名指ししながら最後まで取り仕切ってくれました。

その方が納骨に詳しいことは間違いないのですが、骨壺を割る必要がないことを話す暇も田舎坊主にはありませんでした。

それで安心が得られるのでしたら、またそれも善き哉。

法事です

それほど形を整えても

仏事は荘厳《しょうごん》が大切です。荘厳というのはお飾りのことです。

仏壇のお祀りの仕方などはよく聞かれることですが、なかでも多いのは、荘厳について置き場所などです。

本来、仏壇にはご本尊が安置されますが、荘厳はこのご本尊のためのものでもあります。

真言宗の仏壇は、どちらかと言えば、質素で控えめなものが多く、あまり派手ではありません。

仏壇本体の材質は紫檀や黒檀などが中心で、ケヤキや桜など多種に及びます。最近では圧縮材や合成材なども使われることも多く、値段もかなりの差があるようです。

仏壇のなかには上部に須弥壇というご本尊の置き場所があります。

ここには真言宗のご本尊大日如来《だいにちにょらい》を中心にして、向かって右に弘法大師、向かって左に不動明王《ふどうみょうおう》が置かれます。

これはそれぞれのお姿を描いた掛け軸だけの場合もあります。

須弥壇の前には幡《ばん》という布で作った幡《はた》や瓔珞《ようらく》と呼ばれる飾り金具や電球入りの灯籠などが仏壇の天井からつり下げられます。

須弥壇の足下には高杯《こうはい》（たかつき）が左右一対置かれ、果物やお菓子などが供えられます。

下の段にいくと、お仏飯《ぶっぱん》やお茶湯《ちゃとう》を置く台と五具足《ごぐそく》（ロウソク立て一対、花立て一対、香炉一つ）や三具足《みつぐそく》（ロウソク立て、花立て、香炉）という荘厳が置かれます。

そのほかにも過去帳台や経机、おりんなどがあります。


通常は下の段にいくまでの中段あたりに、仏壇の大きさによって違いますが、一段から二段を利用して、ご先祖のお位牌が置かれています。

ただこれはあくまでも便宜上置かせてもらっているだけで、正式な置き場所というわけではありません。

余談ですが、私がいつもこの話をすると仏壇屋さんから、

「それだけは言わないで下さい。売行が悪くなるんです」

と、釘を刺されてしまいます。

*

ちなみにこの田舎寺の檀家さんのなかには、かつては茅葺きの旧家があり、そのお宅のなかには今でも昔ながらの祀り方をしている家があります。

現在では屋根は瓦葺きに変わったものの、座敷などはそのままで、今も上座敷には一段高い上段の間があります。その上段の間には備え付けの仏壇があり、そこにご本尊を安置しているのです。

ご先祖のお位牌はどこにあるかというと、ご本尊を正面にして、下の間の右側に小さな位牌置き場の段があります。

この旧家には数十体のお位牌があり、このお位牌たちはご本尊に向かうように少し

斜めに置かれています。

これはとりもなおさず、私たちが亡くなって仏になるとは言いながら、決して弘法大師やましてや大日如来や不動明王になるわけではないからです。

ですから、ご本尊と同じ場所に祀られることはあまりにももったいなく、失礼であるという意味から、下の間の別の場所に祀られ、そこからご本尊を拝めるように作られたのです。

このように、本来、仏壇はご本尊だけをお祀りするものだったのです。

もともと祀られる場所がない仏壇のなかの位牌の置き場所について、先祖代々の位牌や新仏の位牌の場所はどこがいいのか、よく聞かれ、正直、困りものです。ですから私は、

「あまり決まりはないので、適当なところに置かれたらいいですよ。まあ、新しいご先祖でしたら正面に置いて丁寧にお祀りになったらどうですか」

と、話すことにしています。

しかし、どこで聞いてくるのか、「夫婦や古い位牌や先祖代々など、皆場所が決まっていて順番があるって言われた」と言い出し、そのどこかの人に言われたことをきっちり守って置き直している方もいます。

確かに仏事に関して「悪い」と言われれば、そのことはしないようにするのはよくわかります。

しかし「どう悪いのか」の理由がないのです。

あるとすれば、「ばちが当たる」ということでしょうか。

でも、ご自分のご先祖がその置き場所のことで、果たして家を守っている子孫にばちを当てるでしょうか。

それよりも、ご命日には心を込めて新しい花や故人の好物だったものを供え、静かに般若心経をお唱えし、感謝の気持ちで手を合わせることの方が大切だと思うのですが……。

仏壇のなかの位牌だけに限らず、仏壇の材質や墓石、法事についても、事細かく、その理由と根拠を確認し、祀り方などを聞かれる方がおります。

しかし私の経験では、こういうことにこだわる方の家ほど、ロウソク立てや線香立てにほこりがかぶっていることが多いのは、いったいどういうことなのでしょうか。

何が大切？

名付けて不自由に

この地方では四十九日満中陰の法事の際、四十九個の小餅と鏡餅のような丸い餅一枚で作った「笠餅《かさもち》」と呼ばれるものを、弘法大師のご修行姿に似せた人形《ひとがた》に切る風習があります。

四十九個は人間の骨の数、丸い鏡餅は骨を覆う皮と肉と言い伝えられていて、亡きがらすべてを埋葬する土葬習慣のあったところでは、分骨や忌み分けの意味を持っているのです。

そして、この笠餅のなかの鏡餅を、杖を持ち、笠をかぶった弘法大師の修行姿に切り分けます。体の部分を持ち帰って食べると、その箇所の病が治るのだと信じられているのです。

足が悪い人は足を、手が悪い人は手を持って帰るということになるのですが、現世利益とは言いながら、まことに信じがたいお話です。

＊

実を言うと、私は一度もこれを切ったことがありません。

というのも、もし足の悪い人ばかりお参りに来たら、どうするのでしょう。お大師さんの足は二本だけなのです。

親戚同士で取り合いになったり、自分がほしかったのに誰かさんに持って行かれたなどといやな思いをすることになるとしたら、法事に来て故人の冥福を祈り、しばらくは心穏やかに過ごすことができると思っている人にとっては、それは本末転倒ではないでしょうか。

そうならないために、私はいつも次のようにお話しします。

「笠餅はお大師さんの人形《ひとがた》には切らず、来られた方の数に適当に切り分けて下さい。

そしてそれぞれいただいたものを、ご自身の悪い部分と思い、たとえば足と思い、手と思って持って帰って下さい。お大師さんの修行姿に切れば、足は二本しかないので二人しか救われませんが、自分が手にしたものを手と思い足と思えば、みんなが満たされ、救われるじゃないですか。これが本当の満足というんですよ」

でも最近、私が切らないことを知ってか知らずか、笠餅の切り方が書かれたものをコピーして餅屋さんがサービスでつけてくれるそうです。

昔は、「餅屋は餅屋」とその仕上げの立派さを褒めて言ったものですが、こんなサービスをされては、「餅屋も餅屋だ」と言いたくなります。

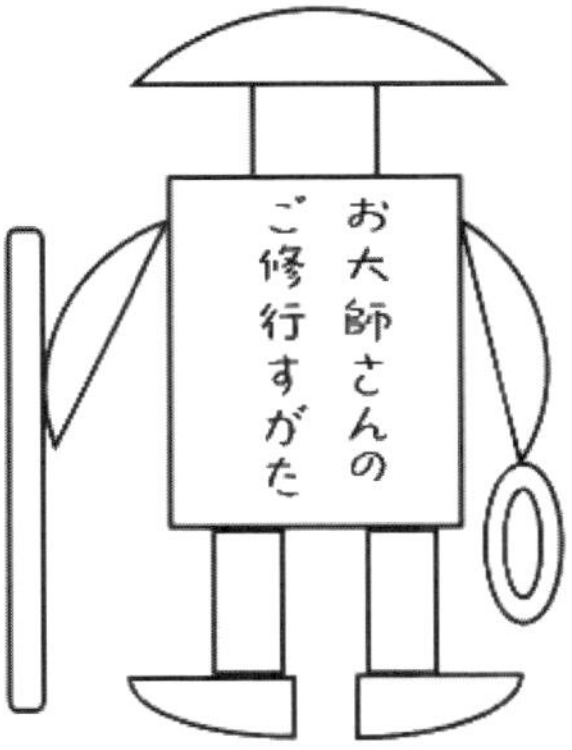

＊

私たちはものに名前を付けることによって、整理され、便利にもなりますが、反対に名付けることによって不自由にもなっているのです。

たとえば、最近、ホームセンターなどでも売られている「ぞうきん」が、家で台所の「ふきん」になることはまずありません。「ぞうきん」という名前によって、床を拭いたりする、いわゆる下用の利用に限定されるからです。逆に「ふきん」が下用に使われることはないでしょう。でも、ホームセンターに陳列されている「ふきん」も「ぞうきん」も、どちらもきれいな布です。

だとしたら、ただの白布を買ってくれば、「ふきん」にも「ぞうきん」にもなることができるのです。

言い換えれば、名付けなければ自由で融通が利くということではないでしょうか。

＊

すべてに仏の精神が宿っていることを仏教では「悉有仏性《しつうぶっしょう》」と言います。

餅の一部に名前をつけて、そのものしか価値がないように思わせるようなことがあってはならないと思うのです。

手や足という価値をご自身でつけ、そう観念する方が自由でいいじゃないですか。

私は、執着することやこだわることから心を解放することが、苦を「ほどく」ことであり、「ほどく」から「ほとけ」が生まれたとも教えられました。

法事において名前に縛られるようなことがあっては、本来の仏の教えに合わないように思うのです。

お経テープの使い方

法事で「仏前勤行次第」を差し上げるようになってからしばらくしてのことです。

ある檀家さんから、

「お経のリズムや息を継ぐ場所がわからんので、テープに録音したのがほしいんだが……」

と言われました。

お経は、確かにリズムや区切る場所など決められたものもありますが、ほとんどの場合、あまり気にせず、自分の唱えやすいように唱えればいいと私は思っています。

なかには耳慣れたフレーズがお経の唱えやすさ、覚えやすさにつながっている場合もあります。それはそれで、とてもいいことで、意味や内容を考慮しなくても充分功徳があると思うのです。

ある研究者がお経を唱えている人の脳波を調べ、果たして人間にどういう影響を与えるのか研究したことがあるという話を聞いたことがあります。

一方は、経典を広げ、字を目で追い、お経の意味や内容などを考えながらお唱えするのです。もう一方は、ただ無心にお唱えするだけです。

この実験におけるサンプル数は定かではありませんが、相当数の実験が重ねられたそうです。

その結果、お経の意味や内容などを考えながらお唱えする方より、ただ無心にお唱えするだけの方が、はるかにアルファ波が高く出現するのだそうです。

言い換えれば、何も知らないで唱えている方がリラックス効果が高く、心の平安が保たれているということでした。

お経の意味や内容などを考えるということは、ある種の雑念で満たされているということなのでしょうか。

もちろん、意味を理解し、お経の意義を考えることは重要なことでしょう。

さらにはそのことをわかった上で無心にお唱えすることができれば、もちろん、それに越したことはありません。

さて、「仏前勤行次第」だけでは唱え方がわからないと、お経を吹き込んだ録音テープがほしいという檀家さんですが、テープを差し上げてしばらくたっても一向にうまくなりません。

それもそのはずです。カセットレコーダーを仏壇の前に置いてテープをエンドレスでかけたまま、ご自分は農作業に出て行かれるんですから……。うまくなるはずがないです、それでは……。

＊

こんなこともありました。ある共同墓地にお参りをした時のことです。

ある地区の町内会の人たちが、一つの墓を中心にして、お経をあげていました。

この地区では、法事をする当家が町内会に粗供養《そくよう》として金一封を寄付する習慣があるのですが、そのお返しとして、町内会の人たちがお墓参りをしていたのです。

私は他の家の墓参りを終えた後、少し立ち止まってその人たちがあげるお経の声を聞いていると、とても低い声で、ゆっくりと唱えているのです。よく見ると、みんなが囲んでいる墓石の上にはカセットレコーダーが置かれ、私が吹き込んだと思われるテープの声に合わせて唱えていたのです。

ま〜か〜は〜ん〜にゃ〜
は〜ら〜み〜た〜じ〜
しょ〜け〜ん〜ご〜うん
先祖代々之墓

お勤めが終わった後、みんなに、

「えらい、ゆっくりお唱えしてたねぇ」

と言うと、そのテープの持ち主と思われる人が返答しました
「うん、電池が切れかけてんねん」

お経の録音テープもたくさんの方に差し上げてきましたが、こんな使い方ははじめてでした。


もちろん、しっかりテープを聴いて、お経に慣れて上手に唱えられる方もいます。おかげで最近では法事の時にご一緒にお唱えしても、坊主よりも上手にお唱えされる方も出てきました。

でもそこまで上手になられると、本職の私が困りますねん。

募金箱

二〇一一年三月一一日、東日本大震災が発生しました。

テレビの情報番組が特別番組に切り替わり、東北地方で発生した大地震による未曾有の大津波を生中継する画面に、私は釘付けになりました。

みるみるうちに濁流が滑走路に進入し、車も飛行機も押し流され、空港ターミナルが浸水していく仙台空港を、テレビは映し出していました。

その瞬間、胆道閉鎖症という難病のわが子を助けたいとの一心で、昭和六十年、はじめて飛行機に乗って降り立ったのが仙台空港だったという記憶が、私の頭をよぎりました。

一年半入院し、お世話になった仙台のため、東北のために、何かしなければという思いが沸々とわき上がってきたのです。

地震発生から四日目の三月十五日、私は銀行からほとんど全財産と言える一千万円をおろし、その足で地元の紀の川市に「大震災で困っている方に使って下さい」と寄付を申し出ました。

この時、紀の川市ではまだ募金の窓口はできていなかったので保留となり、その後、市長さんから、

「紀の川市の名前でいろいろな方からの募金として合算して報告するにはあまりにも高額なので、あなたの名前で日本赤十字和歌山支部に持っていってもいいですか?」

と電話があり、すべてをお任せすることにしました。

＊

それからというもの、テレビでは連日、すべてのメディアが大震災の報道に切り替わりました。

それは大地震と巨大津波が、東北の人たちからすべてを根こそぎ奪っていったことを伝えていました。家であり、仕事であり、ふるさとであり、家族であり、今まで努力の成果として得てきたものすべてをです。

命からがら助かった人は文字通り「着の身着のまま」で、残ったのは命だけという人がほとんどでした。

しかし、まさに絶望の淵になんとか踏みとどまった人たちの口から出る言葉は、「命があっただけで、幸せです」という言葉です。

さらに避難所で家族が見つかった時、「生きててよかった。それだけで充分です」と言う人もいました。

たった一杯の温かい飲み物や食べ物が差し入れられれば、「本当にありがたいです」と話しているのです。そして「まだ見つからない人も多いなかで、これ以上のことは贅沢です」とも話されるのです。

避難所などにいる被災者から聞こえてくるのは「感謝です」「ありがたいです」という言葉であふれているのです。

ある避難所にいた中学一年生くらいの女の子が、

「今までどれだけ幸せだったか、はじめて気がつきました」

と話していたことが、私の脳裏から離れないのです。

＊

私はそれから後の法事の際には、

「毎日のお味噌汁に文句を言ってませんか？」

「温かいご飯に感謝しているでしょうか？」

「今がどんなに幸せか、感じていますか？」

などの話をし、手づくりの募金箱をまわしながら、法事に集まった皆さんに募金を呼びかけるようにしたのです。

私が個人的に寄付したことを新聞などで知っている方も多かったため、多くの方は快く募金して下さいました。

なかには何回も募金箱に寄付して下さる方もあり、感謝の気持ちでいっぱいになることも……。

そして小さな子どもさんまでもが、にぎりしめた五十円玉、百円玉を募金箱に入れようとしてくれる時、私が「お菓子を買えなくなるよ」と話しても、

「いいよ」

と言って募金してくれる姿には胸が熱くなりました。

この募金活動は二年続き、七十万円を超える額の浄財《じょうざい》が被災地に届けられたのです。

お盆です

暑いので

お盆は暑いものです

当田舎寺ではお盆になると、出檀家さんを含めて約四百軒お参りします。

これを棚経《たなぎょう》というのですが、昔は各家でご先祖さまを迎えてお祀りするための棚を作り、そこにご先祖さまが帰ってくるための乗り物として、茄子などの野菜と割り箸で動物を形づくりお祀りしたものです。お盆にはこの前でお経をあげることから棚経と言われるようになりました。

＊

八月十日から十四日まで、私ひとりでお参りしていた頃には、一日に百軒、午前五時から夕方五時頃までかかる日もありました。

一軒あたりの読経時間はせいぜい七～八分ぐらいですが、とにかく数をこなしてお参りを済ませる必要があるため、ゆっくり悠長にロウソクやお線香をつけたりすることはできません。

玄関から挨拶しながら仏間まで一気に上がり込みます。家に入っていいか、座敷に上がっていいか、返事を待っている暇はありません。幸いお参りする日は決まっていますので玄関は開いています。

お家の人がいようがいまいが、とにかく上がって仏壇の前に座ります。座るやいなやリンを二回鳴らし、読経を始めるのです。

それからロウソクやお線香に火をつけ、お供えします。もちろん、お経を拝みながらです。

お経が終われば、すでに準備してくれているお布施をいただいて、挨拶をしながら帰り、次の家に行きます。

もし、その当家の方がお留守の場合でも、お経はあげてから帰ります。そうしないと戻ってきてお参りし直すというようなことになり、大変な時間のロスになるからです。

そんな日は朝食も昼食も抜きです。もちろん途中でトイレをしたくなることもありますが、できるだけ我慢をします。

それは衣を着てのトイレは不便だから。田舎とはいえ、坊主が法衣を着て畑で用を足している姿はあまり行儀のよいものではありません。

その家のトイレを借りればいいように思いますが、昔のこと、古風なトイレなものですから、法衣を着ていることを考えるとなかなか借りる勇気が出ないのです。

この辺のことは檀家さんもよく知ってくれていて、あえてお茶をすすめるようなことはしないように気遣ってくれていました。

＊

さて、お茶はいいのですが、夏真っ盛りのため、暑さにだけは少し気を配ってほしいと思うのです。

しかし田舎の家のこと、エアコンが居間にあればいい方で、仏間にエアコンがあるところはほとんどありません。

うちわは置いてくれているところは多いのですが、坊主が自分で扇ぎながらお経を拝むのもだらけているようでできません。たまには気のきいた奥さんがうちわで扇いでくれますが、読経があまりにも短時間のため、うちわを用意している間に終わっていることもたびたびです。

扇風機も置いてくれているところは多いのですが、さて当家の人が後ろで扇風機をつけたとたん、

「ロウソクが消えたわ、扇風機あかんな

あ」

と言ってスイッチを切ってしまうのです。

私は心の中で「ロウソクはわしが帰ってからいつでも立てられるから、扇風機つけといてえな」と思うのです。

扇風機を止められると、後はよけいに暑いのです。

お盆の棚経での暑さ対策、なんとかなりませんでしょうか？

おじいちゃんの珍接待

田舎寺の檀家さんも高齢化が急速に進んでいます。

後を継いでもらいたい息子たちはきつい労働を強いられる割には収入の少ない農業を嫌い、町に出て就職、結婚し、家を建て、あらたな家庭を持って田舎に帰ってくることはなくなりました。娘さんたちも大学を出て就職し、サラリーマンと結婚し、これもあらたな生活を町で始めるようになっています。

田舎に帰ってくるのはお盆と正月、と言いたいところですが、それさえも帰らない子どもたちが増えているのです。お盆であれ正月であれ、自分の家庭が一番なのでしょう。せっかくの休みですから、家族旅行などが優先され、田舎に足を向けることはほとんどなくなってしまいました。

ましてや今は田舎に帰って親の顔を見なくても、湯沸かしポットをインターネットにつないでおけば、親がそのポットを使わなければスマートホンがそのことを知らせてくれるのですから、安心して「放っておける」時代なのです。

田舎に残るのが老人ばかりになるのは当然のことかもしれませんが、それにしても寂しい時代になってきていることは、こういった現実が教えてくれています。

＊

私は三十五歳の時から地域の公民館長を十年ほどつとめていました。

今、この公民館ではボランティアさんが中心となって、八十歳以上の方の食事会を恒例で開催しています。

この村の戸数は三百戸あまりですが、食事会に参加する八十歳以上の方は百人にものぼり、いかに高齢者が多いか驚くばかりです。

＊

暑いお盆のことです。

平成十六年までは私ひとりで約四百軒の檀家さんをお参りしていました。

お盆のうちでも多い日は一日に百軒お参りしなければなりません。

単純計算で一軒六分お参り時間がかかるとすれば、百軒で六百分ですから十時間必要だということになります。これに移動時間を含めると、十一〜十二時間ということになります。この日は朝食もお昼ご飯も抜き、トイレも最大限我慢です。八月の暑いさなかでも水分は最小限に抑え、二十軒で一度、お茶をいただく程度にしています。

申し訳ないのですが、お盆はあくまでも軒数をこなすことを優先しなければなりません。

ある棚経でのこと、おじいさんひとり住まいのおうちでお茶をいただくつもりでお参りを済ませたところで、丁度よく冷たい乳酸菌飲料を出してくれました。

コップの中の白い液体の表面には、氷のような少し黒いものが浮かんでいます。

白い液体に氷を浮かべれば、少し影のように黒みがかって見える、まさにその氷だと思ったのです。

のども渇いているので、まず氷をつるっと飲み込みました。……が、どうも柔らかいのです。

それはしばらくしてチュルンとのどを通り過ぎました。

その後、すぐ液体の方を飲みかけた時、「これ原液やっ！　うすめてないがな……」と気がつきました。

そして先ほど飲み込んだものを、よおーく思い出してみました。

あの少し黒みがかった色、のどを通った感じ……、

「あれ、ナメクジや」

たぶん、開けたままのその飲み物の瓶の口からナメクジさんが侵入していたので

しょう。

結局、この原液ままの飲み物とナメクジではのどを潤すことはできませんでした。というより、早くうがいをしたい気持ちになったのは言うまでもありません。

しかし、暑いなかお参りしてくれているからと、冷たい飲み物を接待しようと思ってくれたおじいちゃんの温かい気持ちは、何よりもありがたくいただくことができました。

　お盆になると、この時のナメクジ入りの飲み物の味を思い出すとともに、老人ひとり住まいのわびしさのようなものを、いまだに忘れることができません。

お施餓鬼

細工しないで

坊主はお布施で生活しています。

正確に言うと、私の場合、お布施という資金を宗教法人不動寺という会社が布施収入としてプールし、その会社から人件費として坊主に支払われます。

もちろん、収入が人件費を上回っていれば問題はないのですが、時々、毎月の人件費支払額に満たない場合もあります。法人の貯えが相当あれば、当然それでまかなわれることになるのですが、なかなかそううまくはいかないのが現実なのです。

それでも毎月、源泉徴収をし、十二月末には年末調整をし、税務署や役所に報告しなければなりません。

つまり実際には決めた月給の半分もいただいてない、というか、お布施が少なくて払えない時でも、決めた額で記帳し申告するのです。

また、本来ならボーナスもいただきたいところですが、いまだかつていただいたことがありません。

これはまさに零細企業そのものです。

檀家さんでも私たち坊主が月給取りで、源泉徴収事務をし、年末調整の上税務署などに申告していることを知っている人はほとんどいません。

「坊主丸もうけ」と思っているのです。

*

古来、インドや上座部仏教の地域では、僧侶は生産活動をしないため、庶民や信者などから直接食べ物やお金を布施としていただいて、命の糧としていたのです。

布施をする人にとってみれば、人々の幸せを祈り、豊作を祈願し、そのために日々修行してくれる僧侶に、食べ物や金銭を施すことは何よりの功徳であり、供養であると考えていたのでしょう。

庶民は土に種をまき、作物を収穫し、その作物やそれを売ったお金を僧侶に布施するのです。

僧侶は布施をもとに生命を保ち、修行して得られた智恵や祈りの種を庶民の心にまくのです。

布施という行為は、お互いに提供し合うのであって、決して一方的に与えたり与えられたりするものではないのです。

*

布施という言葉はサンスクリット語の「ダーナ dâna」が語源と言われています。

「ダーナ」とは、「提供する」とか「喜んで捨てる」という意味があります。

「ダーナ」は中国から日本に伝わる時、「檀那」と漢訳されました。ですから、布施する家は「檀家」となり、布施される寺が「檀那寺《だんなでら》」となるのです。

「うちの旦那さん」の旦那も同じく「檀那」で、家族にお金や物を提供する人という意味があります。

「ダーナ」が英語圏に伝わって「ドナー donor」となります。

移植医療では臓器などを提供する人のことを「ドナー」と呼ぶのはよく知られたことです。

もちろん「ダーナ」が語源なのですから、提供するかぎり喜んで捨てる心が大切なのは言うまでもありません。

ちなみに二〇〇二年四月、衆議院議員の河野太郎氏がドナーとなり、元衆議院議員の父河野洋平氏が「生体肝移植手術」を受けたことを覚えている方も多いことと思いますが、この手術で息子さんの肝臓の一部を提供された河野洋平氏は今も元気で活躍されています。

この「生体肝移植手術」という方法が日本ではじめて実施された時、私ははじめてドナーという言葉を知りました。それは一九八九年十一月に島根医大で日本初、世界で四例目という「生体肝移植手術」が行われた時のことです。

この時の患者は、胆道閉鎖症という病気で余命いくばくもなく肝臓移植しか救われるすべのないYちゃんという小さな子どもで、ドナーはこの子のお父さんでした。

この手術に踏み切った当時の執刀医永末教授は、

「肝硬変で余命いくばくもないわが子を前にして、自分の肝臓を切ってでも助けたいと言う父親の心中を聞いた時、主治医としてはこれしか方法はないと確信した」

と、述懐しています。

「ダーナ」の精神で提供され実施されたこの手術は、現在では五千例を超え、一般的な治療となって多くの患者の命を救っているのです。

まさに喜んで捨てる行為が移植医療を支えていると言っても過言ではないのです。

＊

この田舎寺には毎年八月九日、お盆の前に行われるお施餓鬼という行事があります。

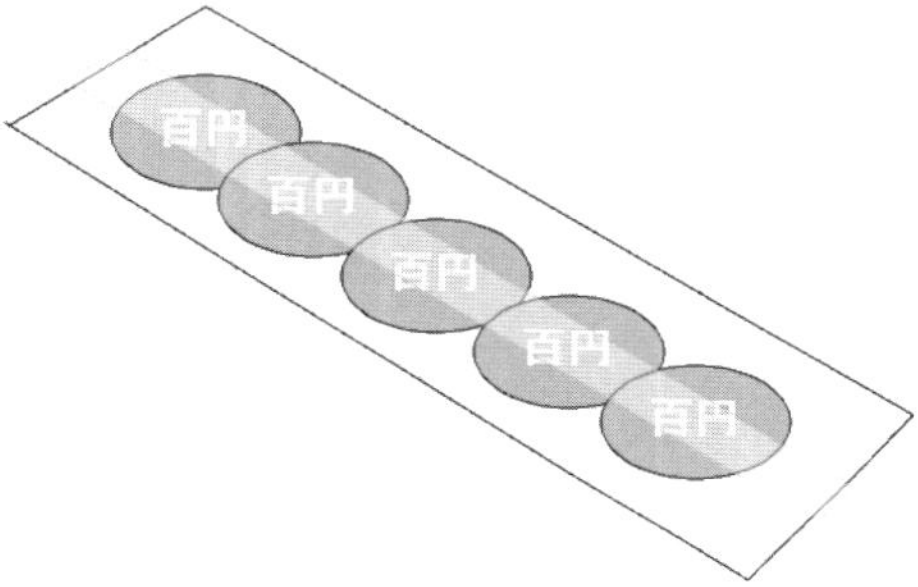

その時のお布施について少しご紹介します。
ご自分のご先祖だけではなく、餓鬼道という地獄に落ちている縁故なき精霊にも水を手向け供養するのがお施餓鬼供養です。

この時のお布施は毎年いろいろ手の込んだものが現れます。

一番多いのはお札に見せかけた細工です。

これはいかにもお札が包まれているように見せかけようとするものだと思われます。

一つは百円硬貨を五つ、紙の上に並べ、その上からセロハンテープでとめ、それをお札を四つ折りにしたぐらいの幅に半紙で包むのです。これは一見お札のように見えますが、少し長めなのでわかりやすい細工になります。

しかし、百円硬貨はまだいい方で、これがお賽銭ならわかるのですが、十円硬貨の五枚セットの場合にはちょっと悲しくなります。

二つ目は千円札を三つ折りにしたぐらいの大きさに切った厚紙に、五百円硬貨をセロハンテープで貼り付け、これを半紙で包むのです。

次は一千円札以上に見せかけた細工です。

これは現在では硬貨に代わっているお金を、わざわざ旧紙幣を使うというものです。

今ではほとんど出回っていないため、包みを触っただけでは千円札と思います。

しかし開けてみると百円札だったり、五百円札だったりします。

「わあー、めずらしい」と、思うのもつかの間、

「わざわざこの時のために保存しておかなくても……」

お盆の経木《きょうぎ》代として普通のお布施では興がないと考えられているようで、少し複雑な気持ちになります。

いずれにしてもお布施ですから、喜んでいただかなければならないのですが、果たしてご先祖の供養のためにと思い包んでいるとは思えず、どこか悲しくなるのです。

なかには何も入っていないものもあります。たぶん入れ忘れたのでしょう。

これは法事の際にもありますが、「本当に気持ちだけです」とか「紙だけです」と言われることもありますので、こちらから「入ってませんでした」と言ったことは一度もありません。

＊

願わくばお布施は喜んで捨てる気持ちで……。

それもできるだけ多く……。

布施の「施」は「ほどこす」と読むんです。

ほどを超すほど……。

お葬式です

土葬の思い出

坊主も「山行き」するんです

私が葬式で導師《どうし》をつとめるようになって間もなくの頃のお話です。

現在のようなセレモニーホールなどで通夜、葬式を勤め、出棺は自動車で火葬場へ行くというものに比べれば、昔はかなり丁寧な葬送の儀式であったように思います。

私のいる村では平成五年頃まで、葬式はすべて自宅で行われていました。そして「野辺《のべ》の送り」で、それぞれ役割の仏具を持ち、葬列を組んで墓地まで行くのです。

その前には「山行き《やまい》」と呼ばれる墓の穴を掘る役の人が町内会から当番で選ばれ、彼らが朝早くから掘った幅六十センチ、長さ二百センチ、深さ百六十センチの埋葬地で、土葬前の供養を勤めるというのが普通のお葬式の形でした。

かつての野辺の送りには、命の限りや生き方などを見つめさせる深い意味がありました。

出棺する少し前から一番鐘、二番鐘、三番鐘と大きな鉦鼓《しょうこ》が当家の玄関先で鳴らされます。遠くにいる人たちにも、もうすぐ出棺が近いことを知らせるものです。

その後、最後の別れを済ませた後、生前使用していた茶碗が割られ、もうここでは食事をする場所がないことを死者に知らせます。

そして最後に棺を庭に出して右回りに三回まわり、この家にはもう戻れないことを死者に悟らせるのです。

葬列には先ほどの鉦鼓の他に大きな銅鑼《どら》も鳴らし、故人の葬送を地区の人たち全員に知らせます。

高く掲げられた四本幡には「諸行無常《しょぎょうむじょう》　是生滅法《ぜしょうめっぽう》　生滅滅已《しょうめつめっち》　寂滅為楽《じゃくめついらく》」と書かれていて、「すべての存在は無常で移り変わるものです。そのことがわかれば苦を越えた平安が得られます」と教えています。

この野辺の送りは故人のためだけのセレモニーではなかったのです。

今元気に畑で農作業をしている人々にも多くのメッセージを送っているのです。今日亡くなったのはあの人でも、明日はあなたが棺に入るかもしれないのですよ、と無常を悟らせ、今元気に働けることを感謝しながら、一日一日を大事に生きることを気づかせてくれるのです。

けんかしたままの人はいませんか?

お礼を言えていない人はいませんか?

受けたご恩にお返しはしましたか?

今できることは今しておきましょう、と。

私たちは急に命を落とすという現実を毎日のようにニュースなどで接しているにもかかわらず、なかなか自分のこととは思えないものです。

そんな時、この野辺の送りが教えてくれているのは、命の限りであり、生き方ではないでしょうか。

*

ちなみに私も「山行き」の役をつとめたことがあります。

町内会の順番とあって、当然の付き合いとして役をいただいたのですが、坊主が墓の穴掘りをするという絵面はあまり見せられたものではありません。

山行き当番は二人で、朝早くからその当家の墓地へ行き、喪主から埋葬場所を指示してもらった後、穴を掘ります。

棺より一まわり大きい穴を掘るため、相当時間がかかりますが、もちろん葬式が始まるまでには掘り終わらなければなりません。

休憩所では山行きさん用に風呂が沸かされ、穴掘りが終わると、入浴というか沐浴をすることができ、後は埋葬まで休むことができます。

しかし、私は引導を渡す導師でもあります。

風呂に入るやいなや、法衣に着替え、葬式をしなければなりません。

　野辺の送りを済ませ、土葬前の供養が終わると、今度はすぐさま葬列の方々の前で法衣を脱ぎ捨て作業着に着替えます。下駄を放り投げ、長靴に履き替え、数珠をスコップに持ち替えて棺を埋めなければならないわけです。

　この様子を見ていた参列者のひとりの、

「坊さんに山《やま》行《い》きさせたらあかんでえ」

という言葉を聞いたのは、私ひとりではなかったようです。

　その後、田舎坊主に山行きの役が回って

くることはありませんでした。

今は野辺の送りも土葬という風習もなくなってしまいました。

唯一残っているのは、出棺時、かつての三番鐘の代わりとして鳴らされる霊柩車のクラクションと、半紙に包まれたお茶碗を割ることぐらいではないでしょうか。

＊

「山行き」が帰ってこない

私のいる村は旧高野街道の高野七口《ななくち》と呼ばれるうちの一つで、大門《だいもん》にいたる紀ノ川の入り口にあたり、「大門四里」の石標も残っています。

当地は重要な宿場町で、大和《やまと》街道と高野街道の分岐点にあたり、昭和三十六年頃まで、川の近くにある茶屋町と呼ばれるところでは市《いち》も開かれ、高野参りの巡礼者たちは、旅館や茶店、薬屋で必要な品を買い求め、大門へと向かったのです。

この茶屋町を過ぎれば、峠までは急坂が続きます。

この坂道に沿うように民家はもちろんのこと、お墓もそれぞれの家が自分の畑の近くに建てています。そんな場所にあるお墓でも、昔は土葬でした。


急坂にあるお墓といえば、こんなことがありました。


お葬式の知らせが入ったお家は地区の一番下の谷沿いにあり、埋葬するお墓は高野山を望める峠と同じくらいの高さのところにあります。その家とお墓までは標高差で言えば三百メートルぐらいはあるでしょうか。

そこまで町内会の人が棺をかついで上るのです。下に落としてしまわないように棺に二本のロープをかけ、上から引っぱりながら男四人ぐらいでかつぎます。

途中で何度も休憩し、男たちは場所を入れ替わりながら、峠近くの埋葬墓地までかつぎ上げました。

何も持たず葬列につく参列者でさえ、何度も休みつつ息も絶え絶え上るくらいです

から、棺をかつぐ男たちのしんどさは言うまでもありません。
峠のお墓についた頃には誰もが精も根も尽き果てている様子でへたり込んでいました。
あの時、私の父親もかなりの年齢になっていたので、導師である父親のおしりを私が押しながら山（お墓）へ行ったことは忘れることができない思い出であります。

＊

山側の、あるお家のお葬式が行われた時のことです。

出棺の時間になっても埋葬のためにお墓に穴を掘る「山行き」役が、なかなか帰ってこないのです。

普通なら出棺までに掘り終えるのですが、まだ掘れないと言うのです。

というのも、当家に指示された墓の場所から岩盤が出たからです。少なくとも棺より一まわり大きく、深さは百六十センチも掘る必要があるので、一メートル足らず掘り進んだところで大きな岩盤が現れたと言うのです。

「山行き」は二人だけなので、人力だけで岩盤を割るのはとても無理だということで、発破をしかけることになりました。お墓に発破をしかけて掘るというのは、この土地でもはじめてのことでした。

数回の発破で岩盤はなんとか砕くことができたのですが、今度は砕かれた石を出すのが大変です。二人で同時に穴に入ることができないため、一人ずつ交代で石を掘り上げなければなりませんでした。

また、穴は掘れても、棺を納めた後、掘り上げた砕石を埋め戻すわけにはいきません。土葬ですから、当然、埋葬は土でなければなりません。

そのため、今度は墓地内の違う場所から土を持ってこなければならなくなりました。しかも、今掘っている場所は坂になっているものですから、あまり効率よく作業が進みません。

二人の山行きさんにとってみれば、出棺が二時からなのにすでに三時間を経過し、夕暮れ近くになっており、まさに時間との戦いでした。そして結局、埋葬できたのが五時半を過ぎていたのです。

この時ほど、この田舎にも早く火葬の時代が来てくれないものか、と、切実に思ったことはありませんでした。

高齢化

老僧の悲哀

今、お寺では後継者不足が深刻な問題となっています。

その主な理由は、子どもが親の働く姿を見ていて、継ぎたいと思えるような仕事ではないこと。現金収入とは言いながら、子どもを育て独り立ちさせるまでの教育費などを考えると、安定した十分な生活資金が入ってくるとは考えられないこと、などがあげられます。

もっと具体的に言えば、急激な檀家の減少、直葬や家族葬と呼ばれるようなお葬式の小規模化、宗派本山への負担金の高騰、法衣などの新調費や寺の維持管理費、嫁さんの来手がない、などです。

一方では、住職の生活さえままならない田舎の檀家寺があります。他方では、裕福な観光寺や信者寺などが数多くあります。

今の日本は格差社会が広がっているとも言われていますが、私ども坊主業界もかなり格差がはげしいのではないかとも思っています。

そんな田舎寺なのに「坊主丸もうけ」と思われているのですから、やはり現実とかけ離れた生活を強いられる寺の跡継ぎが好まれないのは当然なのかもしれません。

お寺の跡継ぎがいないということは、ある時にはきびしい現実を目にすることがあります。

お寺には「結集《けつじゅう》」と呼ばれる互助組織があり、これは住職が病気になった時などには他のお寺の僧侶がお互いに法事やお葬式などで手伝い合う組織であります。

もちろん病気などにならなくても、お葬式の職衆《しきしゅう》（導師以外の役僧）などには招かれることがあり、招かれたら次はこちらが職衆としてお願いをします。

収入の少ない田舎寺ではこれがお互いに経済的にも助け合う仕組みになっているの

です。

＊

私が二十七歳頃のことですが、紀ノ川をはさんだ山の懐に、いつも職衆として呼ばれていた小さなお寺がありました。

そのお寺は老僧が一人で寺を護っていました。奥さまを早くに亡くし、寺の跡取りと考えていた息子は町に出て所帯を持ち、むしろ息子の方から縁を切るような形で出ていってしまったそうです。

お寺はほとんどの場合、住職が高齢になると後継者を自分で準備するのですが、息子以外でお願いするとなると、生活のことをまず考えなければなりません。しかし生活を保障できるだけの収入もなく、ましてや檀家もそこまで熱心に考えてくれる人もあまりいないのが実情でもあります。

老僧の年齢はその時、八十歳を超えていましたが、田舎では住職がいくつになっても必要な存在です。

檀家総代が集まって後住《ごじゅう》（次の住職）としてお寺に来てくれる人を探すなどしたものの、年に数回しかないお葬式とそれに付随する法事、お盆の棚経だけの収入では、なかなか来てくれる人は見つかりません。

お葬式に職衆として行くと、老僧は足も悪くなり、なんとか座敷では歩けるものの、田んぼのあぜ道などを行く野辺の送りの葬列は難しく、導師である老僧は、セメントなどを運ぶ工事用の一輪車に乗せられていました。

必要とはいえ、そこまでして坊主は働かなければならないのか、と、同行していて哀れというか、悲しくさえなった思い出があります。

私自身、娘が二人で、しかも下の娘の方を早くに亡くしたため、一人娘になりました。その娘は大学を出てから介護ヘルパーとして働き出したので、やがて私が年老いたら寺を継ぐ者がいなくなるのは目に見えていました。

私の脳裏には一輪車に乗せられた老僧の姿が、やがて自分の姿と重なるようになってきました。

そこで、私は新しい住職が来てもらいやすいように、そしてせめてこの寺に住んでもらえるように、と、平成十三年、築二百九十年の庫裡の改修を檀家総代に申し出、理解を得て、なんとか人が住めるように直していただきました。

二年後のことです。

ヘルパーとして介護老人保健施設で働いていた娘が突然、

「私、高野山の尼僧《にそう》学院に入る」

と言ってくれたのです。

尼僧学院の入学式の日、師僧を代表して私が挨拶することになりました。

その時の私は、緑たけなす黒髪を剃りおとし、出家した五人の比丘尼《びくに》の前で、ただただ涙が出て言葉にならなかったことを今でも忘れることができません。

そして娘が尼僧となってから十一年たちました。

在家に嫁いだものの、なんとその娘の旦那さんである辻和道師もつらい修行を成満《じょうまん》し、今、この田舎寺の副住職として、寺務《じむ》に励んでくれています。

本当にありがたいことです。

おかげさまで、私は一輪車に乗せられることはなさそうですが、無常の風が吹けば、いつかは乗り心地のいい霊柩車には乗せられることでしょう。

読経の声が合わない

仏教には声明というのがあります。

最近、高野山真言宗では「高野山声明の会」というのも結成されています。

この会は本堂などのお堂で催される宗教行事だけではなく、さまざまな音楽ホールなどにおいてショーアップし、公演されることも多くなりました。

若いイケメンのお坊さんたちが法衣を着け、手にそれぞれ妙鉢《みょうはち》（シンバルのような楽器）や散華《さんげ》（本来は花びらですが、絵柄の入った紙が多い）を入れた金色に輝くお盆などを持って、メロディーのついたお経を声を合わせて唱えているのをご覧になった方も多いことと思います。

お坊さんのなり手が少ないなかで、このようなイベントが幅広く行われ、人材発掘の大きな契機ともなっているのです。

ちなみに平成二十七年は弘法大師が高野山を開創して千二百年になります。

この大きな行事を前に全国で多彩な「お待ち受け法要」というものが開催されてい

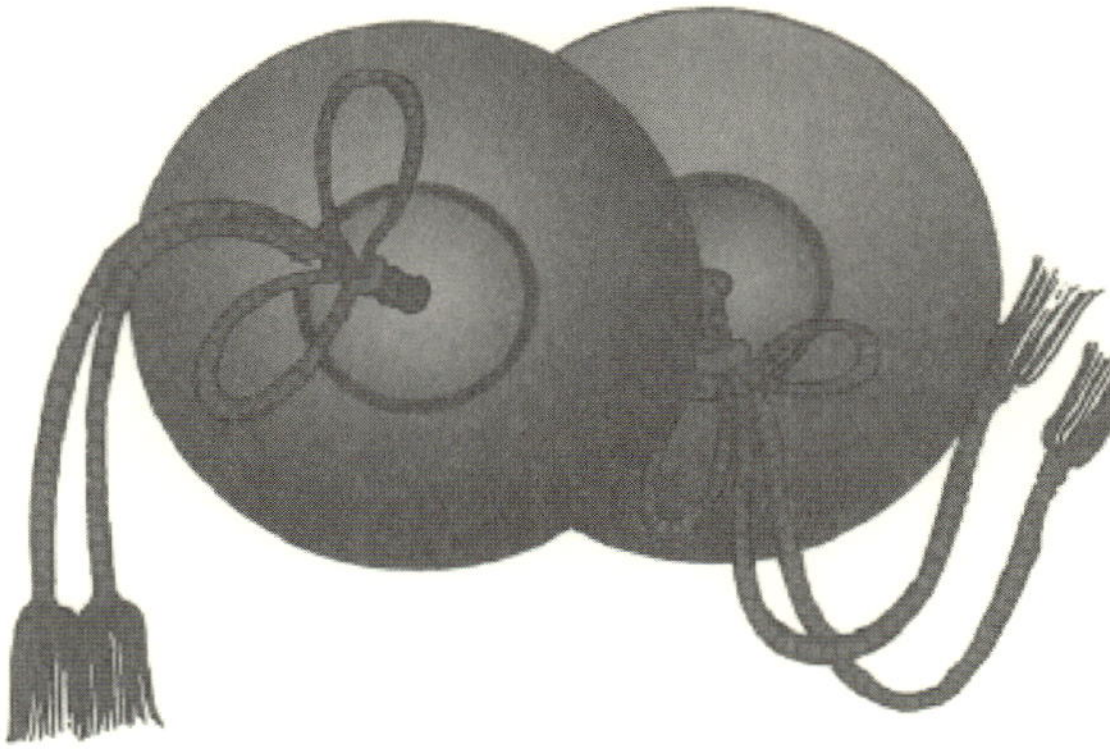

ますが、そのなかでも、この声明公演はひときわ人々の心を引きつけているように思います。その理由はおおぜいの僧侶のきらびやかな法衣衣装であり、厳かなたたずまいや厳粛な作法であり、ライトアップの舞台演出などであることは言うまでもありません。

しかし最も大きな理由は、僧侶たちの声明がかもし出すハーモニーやメロディであり、鉢や銅鑼、鐘などの音色ではないでしょうか。

＊

私が昭和六十三年三月、高野山密教遺跡研究会に同行させていただきシルクロードを旅行した時、多くの石窟寺院を見ることができました。

もともとシルクロードはイスラムが侵攻してくるまでは仏教の聖地でもありました。しかし現在残っている遺跡はほとんどが破壊されていて、石窟寺院のなかにわずかに当時の壁画などを見ることができる程度です。

私が最も感動したのは、新疆《しんきょう》ウイグル自治区の西端に近いクチャというオアシスの町にある「キジル千仏洞《せんぶつどう》」に残された「五絃琵琶《ごげんびわ》」の壁画です。この五絃琵琶がやがて日本に伝わり、現在では日本の超一級の国宝として正倉院に保存されているのはよく知られています。

この石窟には他にもたくさんの楽器を持った伎楽天《ぎがくてん》が描かれています。仏教華やかなりし頃、仏をたたえ、仏に感謝することを、人々は多くの楽器を使った音楽によって表現したことが実感されるのです。

そして町やバザールに行けば、タンバリンやギター、三味線などの原型と思われるような楽器がところせましと売られています。

私の家にはその時に買ってきたラワープという弦楽器と小さな太鼓、ホータンの河原で拾った玉石と一千年ほど前（?）の茶碗のかけらが今でも大切に部屋に飾ってあります。

＊

現在、聞くことができる声明は、日本の原音楽である浄瑠璃や謡曲、義太夫、長唄、ひいては民謡などの元となったものであると言われています。

よく「ろれつ（呂律）が回らない」と言います。この呂律《りょりつ》は本来、音楽の調子のことです。

声明は基本的には呂《りょ》・律《りつ》・中《ちゅう》の三曲と、五音と呼ばれる宮《きゅう》・商《しょう》・角《かく》・徴《ち》・羽《う》、つまりだんだんに音が高くなる、ドレミのような五音階でできています。

この呂と律を取って、言葉の調子が悪いことを「ろれつ（呂律）が回らない」と言ったのです。

さて、今から三十五年ほど前には、お葬式の職衆として声がかかると、他の職衆が誰なのか大いに気になったものです。

三人葬式の場合、導師がいて脇に職衆が二人座ることになります。式中、導師は小さな声で引導作法をするため、職衆二人が声を合わせて唱えなければなりません。この声が不揃いになると、ありがたみというか、厳かさというものがなくなってしまいます。そのため、お唱えする調子の高さやリズムなどをきれいに合わせることが必要となり、最も神経を使うところでもあります。

ところが、なかには呂律のまわりが悪い高齢のお坊さんもいて、その方と職衆が一緒になると合わせるのに大変苦労するのです。

お経の息を継ぐところもお互いに違うところですれば、途切れることもなく聞こえるのですが、こちらが止まればあちらも止まるということがあるのです。

そうなると、次の出だしは息をした分だけ飛ばすのか、それとも切ったところから唱え出すのか、そんな時の打ち合わせなんかしたことがありません。そしてやっぱり出だしが合わないのです。

一生懸命唱えながら聞き耳を立て、呂律のまわりが悪い相手の方に合わそうとするのですが、だんだん拝んでいるお経の場所がわからなくなる始末。もう冷や汗ものです。

お経の終盤には声明が入ります。

ここでは一番若手の私が声明の頭《とう》（出だし）をとります。

自分の一番出しやすい高さで唱えることができるため、安心して頭を出すことができます。

ところが一緒に唱えるところになると、また呂律のまわりが悪いのです。

私は相手の職衆には申し訳ないのですが、それを押し消すようにさらに大きな声でお唱えしなければなりません。

失礼とは思いながら、先輩僧侶をさしおいてきれいなお経にしようと思うのは、なんとしても亡くなった方が安心してあの世にいってもらえるよう、そしてご親族や参列者の方々を不安にさせないようにするためで、精一杯お唱えするのでした。

新しい葬式

遠隔引導

この田舎寺もご多分に漏れず、檀家さんの数は減少傾向にあります。

かつては全部で六百戸近い檀家さんがありましたが、飯盛《いいもり》鉱山という銅鉱石を産出する銅山が一九七〇年に閉山廃鉱になると、二百戸以上がこの地を去っていったため、現在では三百八十戸ぐらいに減少しています。

その後も多くの檀家さんが出ていかれましたが、そのうちの何軒かは今でも出檀家として、法事やお盆のお参りなどはこの田舎寺と縁を持ってつながっています。

その理由は田舎から出て行っても同じ宗派のお寺が近くになかったり、やはり先祖代々お世話になったふるさとのお寺の坊さんにお参りなどはお願いしたいと思われている方も多いからでしょう。

もう一つの理由は、お墓がふるさとにあるということです。田舎を離れて行かれた方のなかには、お住まいのところでお墓を求めることが困難な方も多くいるようなのです。

近頃は「墓じまい」という言葉も出ているようですが、まだまだ田舎ではお墓がなければ「はかない」と、春秋の彼岸やお盆には多くの方がお参りをしてきれいにお祀りをされている姿が見られます。

このように縁をつないでいる出檀家さんは、橋本市から和歌山市までの紀ノ川筋や大阪府まであって、お盆には必ずお参りさせていただいています。

出檀家さんの法事は、ほとんどが田舎寺の本堂で勤めてもらうようにしているのですが、葬式に関してはどうしても家の近くのセレモニーホールなどへ行かなければなりません。お通夜や葬式については当然、予定が立てられないため、その段取りはなかなか当家の意向に沿うことが難しいのが現実でもあります。

*

さて、そんななか、二〇一四年二月十四日、大阪の出檀家さんから葬儀の依頼が入りました。

二月十三日のお通夜は当家が希望している時間より一時間早めてもらい勤めることができました。しかし葬式当日は朝から思わぬ大雪となってしまったのです。

とにかく当日、導師をつとめるため、辻和道副住職が自動車で出発したのですが、国道を五キロメートルほど進んだところから大渋滞で全く動けなくなり、副住職の携帯電話から「だめです。進みません」と連絡が入ります。

インターネットで調べてみると、橋本市から大阪に抜ける紀見《きみ》峠も全く動けません。すべての電車もバスも止まっているとのことなのです。

葬儀場に電話を入れると、式場の前の道路も二十センチ以上の積雪とのこと、参列者も多くの人が到着していないとのことでした。

私は副住職に帰るように電話をし、式場関係者にある提案をしました。

それは本堂で引導作法をする様子をこちらからインターネットで送るので、式場のスピーカーで流すかパソコン画面に映し出してほしいというものでした。

いわば、遠隔で引導作法を送る遠隔引導の提案でした。

ちなみに私は年齢の割にはデジタル人間でして、パソコンがなければ仕事にならないくらい、そこそこ使いこなしている方なのです。

こんな時こそパソコンでネット中継だと思ったのです。

しかし、式場の関係者からは、残念ながらパソコン画面はもちろんのこと、スピーカーにもつなげないとのこと。

「案外不便だなあ」と感じながら、この提案は却下せざるを得ませんでした。

生中継ができないとなれば、大阪の式場での予定時間に、私が自坊の本堂で引導作法をし、読経や親族の焼香の時間を指定通りに進めるという、二カ所同時進行の告別式しかないということになりました。

さらに私が引導作法をしている様子を録画して、それをＤＶＤにダビングし、当家に郵送するということにしたのです。

このようにして、大雪の日の、坊主になってはじめて経験した遠隔引導は無事終了することができたのでした。

そして副住職は、午前八時に出発し、いつもなら十分ぐらいで帰ってくるところを、お寺に着いたのはお昼頃になっていました。お疲れさまでした。

導師が揺れる？

供養は「食うよう」

新疆ウイグル自治区が外国人に開放されて間もなく、中国西域シルクロードを旅行した時のことです。

タクラマカン砂漠のもっとも西方のカシュガルという町のはずれにある、イスラムのお墓に案内してもらいました。

そこでまず目に入ってきたのは、背の高い木の棒の先に干からびた毛皮のようなものが突き刺さっている、よくわからないものです。

私は通訳を通して、

「これは何ですか？」

と聞くと、

「ここの墓に埋葬された人が、羊のおかげで今まで生きてこられたので、これはその供養のために立ててあるのです」

と教えてくれました。

そういえば、シルクロードに入ってから、いたるところで羊の群れに出合いました。オアシス以外、緑は決して豊かではないのに羊が多いということは、羊が如何にたくましく人間と共存しているかがわかります。


羊は「歩く食料」であることは言うまでもなく、しかも年間雨量六十ミリ、年間蒸発量三千ミリと言われる大乾燥大地のシルクロードでは、気温が下がる夜に羊の毛はなくてはならない衣料となり、昼間も人間を乾燥から守る大切な服にもなるのです。

また、羊の肉を食した後の皮はほとんどが「ふいご」となり、カシュガルでは欠かすことのできない火起こし道具となっています。これがナイフや包丁などの鍛冶屋産業を産み支えているのです。

さらに羊の皮に空気を入れてふくらませたものは、羊皮船《ヤンピー》となって、中国大黄河の橋のないところでは水上運送船として、人や物を運ぶのになくてはならない重要な役割を果たしています。

そういえば、昔は「羊」ヘンに「食」と書いて「羪（やしなう）」、今では「羊」がカンムリとなった供養の「養」という字は、「羊を食べること」が養うことを意味していたのです。

旅行中、古老が、
「羊は大地に噴き出した塩分と、わずかな草木の芽などを食べて生きられるのです。しかも多産で安産なのです」
とも教えてくれました。

胎児は羊水と羊膜に守られて、母の胎内で最高の栄養を与えられ、月満ちて出産となります。なぜ、胎児の生命を育む体内臓器に「羊」の字が使われたのかはわかりませんが、シルクロードにおいては、古老の言うように羊は安産であり多産であること、そして羊の命をいただいて人間の生命は支えられてきたことが、決して無縁ではないように思うのです。

シルクロードなどの羊文化圏では、人の年齢は「数え」でとらえています。これは出産前の羊水・羊膜に守られた胎児の期間を加え、赤ちゃんが姿を現さない時から命と数えていたのでしょう。

ちなみに、日本では今でも位牌に刻まれる亡くなった人の年齢や厄年の数え方に「数え」は残っていますが、つい最近まで「数え」の年齢を言う老人がいたものです。

＊

ウルムチのバザールでは羊の頭と腸を大きな鍋で煮込んだものがありました。この羊の煮物こそ「羊羹《ようかん》」だったのです。

「羹」という字は「羊」を「火」で煮て、しかもその「羊」は「大」なるものという合成文字からできています。「羹」は、「あつもの」と読み、煮炊きしたもののことです。

私は七年間、高野山の宿坊で小坊主時代を過ごしましたが、その宿坊での精進料理の中に「旬羹《しゅんかん》」と呼ばれるものがありました。文字通り季節の旬の食材を煮炊きした料理であります。

日本の「羊羹」には動物性タンパク質は全く含まれていませんが、たとえば羊の胃袋の中に乳を入れて生まれたチーズ文化が、やがて日本では豆腐などの大豆文化に変化したように、羊を煮たものが、小豆を煮た、現在の羊羹に変化したのではないでしょうか。

羊文化は日本の漢字にも影響を与えており、「羊」の字がついた漢字は多くが「いい意味」を表しているのは、人間に豊かな恵みを与えた動物であったということが大きな理由と考えられます。

「養」「羊羹」のほかにも「洋」「美」「鮮」「義」「善」「祥」「翔」「群」「詳」「着」などがあります。

ちなみに、二〇一五年は干支で言えば、未《ひつじ》年ですね。羊にちなみ、きっといい年になることでしょう。

＊

自宅でお葬式を出していた頃には、結集から職衆として招かれると告別式の前に食事をいただく習慣がありました。

坊さんたちのお膳は別に用意され、賄いのお接待役も決まっていました。

しかもこの接待役はいつもお酒が好きな人がなるようで、すすめ方が非常に堂に入っているというか、お上手なのです。そしていつも、「供養は食うようやで」と、決まり文句を言うのです。飲んで食べないと供養にならない、と。
ただし、調子に乗っていると、大変なことになることがありますから……。

葬式が始まって……お経を読む坊さんが、左右に大きく揺れています。
とくに導師が揺れています。
なかには居眠りを始める職衆も……。
お経は酒臭く、波打って唱えられています。

あの時の故人は成仏してくれたのでしょうか。

医は仁術

七転八倒さえできない

平成二十七年一月二十八日、初不動《はつふどう》の大祭を例年通り開催しました。その前日のこと、餅まき用のお餅つきの際、私は腰に違和感を覚えました。もともと腰痛の持病はあったものの、いつもとは少し違う痛みなのです。しばらくたてば治るだろうと高をくくっていたのですが、痛みはだんだん強くなり、二月初旬に頼まれていたK町の公民館主催人権講演会には最強の鎮痛解熱剤と自分では思っているボルタレン錠をのんで痛みを抑え、お話しさせてもらいました。九十分間立ってお話しできるのか不安もありましたが、無事、講演を済ませることができました。

しかし腰の痛みはますます強くなり、二月中頃には車の運転もできなくなって、妻の通院には義兄に運転をお願いしなければならないほどになっていました。

妻の通院から二日目、今度は右肩が激痛のため、右手が急に上がらなくなったのです。早速近くの整形外科でレントゲンを撮ってもらったところ、腰のすべり症と五十肩とのこと、リハビリを開始しました。

　ところがその二日後、左手中指の付け根の関節が異常に腫れ上がり、まるで左手甲にアンパンをのせたような状態になってしまいました。そしてその後間もなく、今度は左手が全く上がらなくなったのです。その痛さ

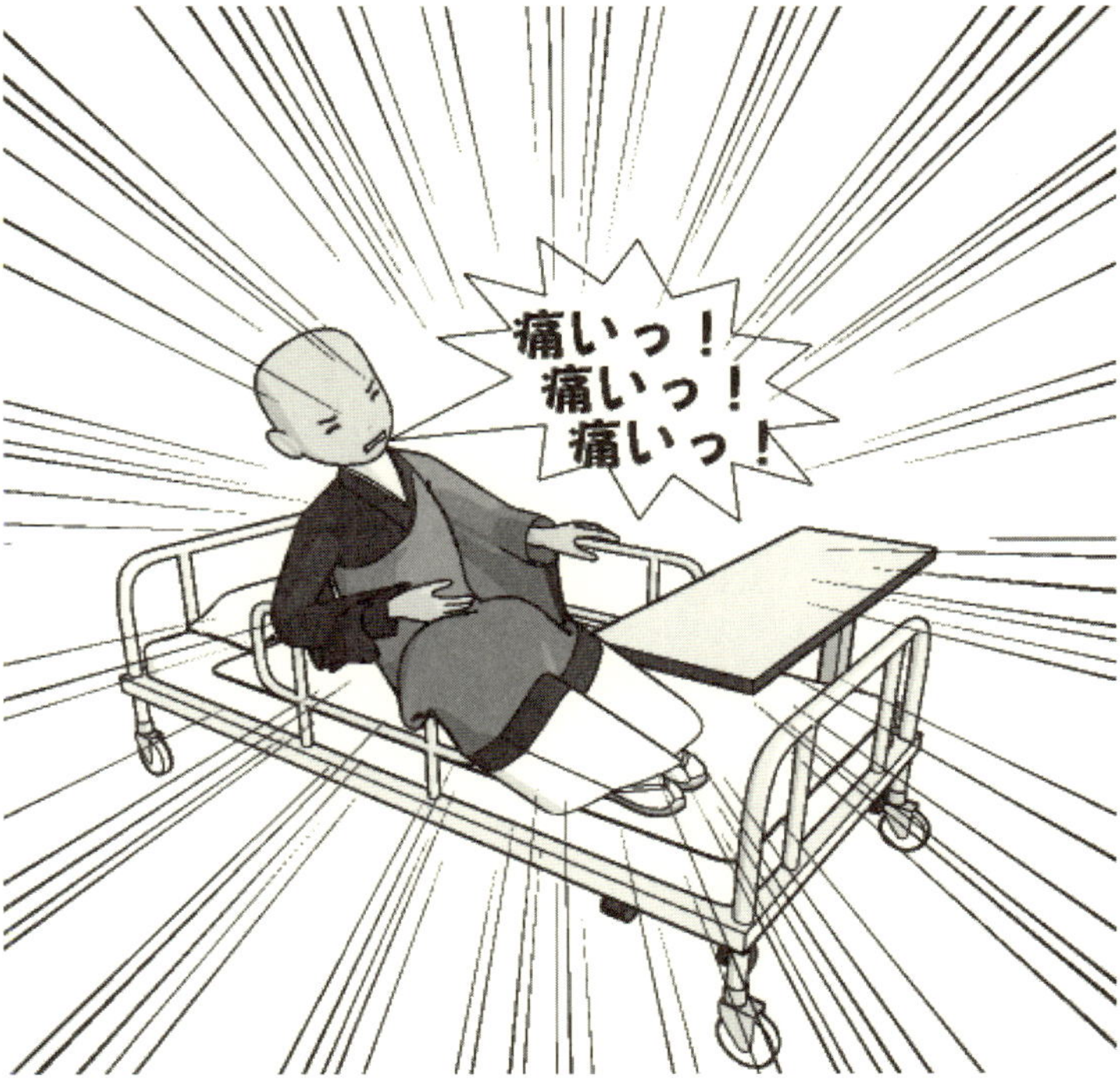

たるや、両肩を引きちぎられるのではないかと思われるような痛みで、常に両手をお腹のあたりにあてていることしかできないほどです。

この頃にはすでに食欲もなく、痛みのために眠ることもできず、椅子に座って眠る日が続きました。この間にも妻の介護はしなければなりません。

リハビリを二日続けて三日目の朝、私は三十九・二度の高熱を出しました。娘にかかりつけの医院に連れて行ってもらい、血液検査をした結果、即入院と言われました。

しかし入院するには、まず妻の介護施設への入所を決めることや、私自身が関わっている保護司、患者会、難病相談窓口などへの多くの手続きを済ませなければなりません。私はとにかくあまりの激痛に早く入院したいと思っていましたが、手続きに丸一日かかってしまい、妻の入所を済ませた翌日、やっと公立N病院に入院することができました。

初診は内科で担当はN・T先生でした。来院後すぐ撮ったレントゲン写真を見ながら「多発性関節炎」と病名を教えていただきました。しかしその後、念のため、MRIとCTを撮りましょうということで、撮影後やっと入院室に案内されました。午前九時過ぎに来院して病室に入れたのは午後二時をまわっていました。

入院後、痛み止めはボルタレンの徐放剤に変わりましたが、全く鎮痛効果なく、あまりの痛さに「座薬がほしい」とついつい言っていました。もちろん、夜は眠ることができず、翌朝六時の痛み止めの服用時間をまんじりともせずベッドの上で待っていました。


入院二日目の朝、N・T先生から呼び出しがかかり、正確な原因を調べる必要があるため、造影剤を入れてもう一度CTを撮るという話がありました。

撮影後、すぐ説明があり、私にもCT画像を見せてくれました。そしてN・T先生は病気の原因を確信したという表情で、「腸腰筋膿瘍といって、お腹の中の筋肉に七〜九ミリ程度の膿のかたまりがあります。その菌が全身にまわっていて関節に炎症を起こし、高熱が出ています。治療法は抗生剤を約一〜二ヶ月点滴投与するということになります。抗生剤の届きにくいところなので、じっくり治しましょう」と話してくれました。

N・T先生は初診時、真剣な目元だけが見えるマスク姿だったのですが、CT画像の説明時にはマスクもなく、時折見せる笑顔は優しく、患者をこれほど安心させてくれる笑顔に、心から「治してもらえる、ありがたい」と思うことができた初めての経験でした。さらに若い女性の看護師さんから「絶対よくなるからね!」と力強く励ましてもらえたことが、痛みを乗り越える大きな希望につながりました。

後で調べてわかったことですが、「腸腰筋膿瘍」という病気は、かなりの高齢者で免疫力が著しく低下した状態で発症することが多いそうですが、しかもその膿瘍――膿のかたまり――は、手の拳一握りぐらいの大きさになってはじめて発見されることが多いそうです。

私の場合は十ミリにも及ばない極めて小さな膿のかたまりであったため、同時にかかっている整形外科の専門医からも「よく見つけてもらえた」と私に話してくれるほどでした。

点滴が始まって六日目の夜、施設で預かっていただいていた妻が救急入院すると連絡が入りました。急な施設入所といつもそばにいる私に連絡がとれず、私の病状もわからないため、状態が不安定となり、肺炎を併発したというのです。私は救急隊員に自分が入院している公立N病院に連れてきてほしいとお願いしましたが、当直医が内科ではなかったため、結局、他の病院に搬送されることになりました。

妻は私が当初危惧していた通りの最悪の状態になってしまったのです。しかも妻の肺炎は重症であるため、救急で診ていただいた先生からは「延命措置をするかどうか、明日の朝までに返事を下さい」と言われたと娘から連絡があり、その重症さが想像できました。

妻は私の顔を見れば少しは精神的にも落ち着くのではないかと思うものの、私は痛みのため、妻に何もできないという思いが交錯し、さらに眠れない夜が続きました。

翌日、主治医のN・T先生に妻が救急で他院に入院したことを相談すると、

「奥さんの状態が落ち着いたらこちらの病院に転院させることもできるし、病室も空

けておくから心配しないように。病院にある地域連携室にはその旨を話して対応してもらうので、大丈夫！　大丈夫！」

と私の痛い肩にそっと手を置いて優しい笑顔を浮かべ、快く他院に入院した妻の対応と私への励ましの言葉をいただくことができました。

その時、私は思わず熱いものがこみ上げてきて、先生に心から手を合わせました。

さらにその後すぐに看護師長が来てくれ、

「森田さん、大丈夫よ。病室の手配もしたから安心して！」

と、さらに私の不安を払拭させようと、病棟のスタッフが心を一つにしてくれていることが手にとるようにわかりました。

私の治療効果は順調にあらわれ、当初一～二ヶ月と言われた入院期間も三週間余りで点滴は終わり、その後は自宅で抗生剤の服用ということで退院のめどが立ってきたため、結局、妻は転院させることなく、他院での治療に専念させることにしました。

それにしても、注意深く的確な診断を下していただき、他院に救急入院した妻のことまで親身になって考えていただいたN・T先生に、医師の本来の姿を見せていただきました。そして、約一ヶ月続いた激痛を乗り越える勇気をいただいた看護師長や若き女性看護師には、「白衣の天使」という柔らかい言葉のニュアンスからは想像できない、患者の希望を引き出す強いパワーが存在するのだと確信しました。

私はかつて何度か、若き医師や医学生に「医は仁術」とはどういうことか話す機会がありました。

結論から言えば、「仁術」とは相手（患者）に寄り添うことだと思います。この話をする時、たとえに出すのは「仁」という漢字です。「仁」には慈愛とも言うべき「常に民に寄り添う」という意味があるのです。

長年の患者会活動や難病相談、さらに延べ十病院に及ぶ私の家族の入院経験で感じたことは、医師は「患者に寄り添う心」をまず養われなければならないということです。

もちろん、医師は医術に長けていなければならないでしょう。でも、医師国家試験に通れば万能であるとは言い切れません。むしろ、若い医師こそ、多くの患者や家族の心に寄り添うことから治療が始まることを胸に刻んでおいてほしいと思うのです。

私は七転八倒さえできない激痛のなか、入院し、幸いにも身をもって「医に仁術」を具える医師に出会うことができました。私にまたいつか若い医師や医学生に話す機会が訪れることがあるなら、やはり「医は仁術なり」を話していきたいと強く思うのです。

おわりに

ここ四十年で寺の様子は大きく変化しました。

かつてお葬式は、住み慣れた自宅で行われました。上座敷を開け、タンスなどを移動し、障子やふすまを外し、親戚総出で片付けをしなければならなかったものです。

しかし、今ではセレモニーホールなどで行われることが当たり前になり、役付きの人たちが葬列を組んで行く野辺の送りもなくなりました。

また、二十数年前まで行われていた土葬はなくなり、すべて火葬に変わりました。

それにともない、お墓の様子も変わりました。

平成七年頃までは埋葬した上に石碑を建てたものですから、基本的には個人墓の石碑が建てられていました。

しかし今では、先祖代々の石碑が主流となり、その中に納骨する祀り方に変わってきています。

さらに法事は、この田舎でも専業農家の減少とともに勤め人が多くなって、日曜日や祝日に集中し、休日に二軒以上が多くなったため、斎という食事に同席することがなくなりました。

そして深刻なのは高齢化です。

檀家さんも高齢のひとり住まいとなり、坊主の方も後継者不足で高齢化しているのです。

＊

お寺の世界もこれからはＩＴの時代となり、思わぬ変化をもたらすのかもしれません。

しかし、時代は変わっても近くのお寺で般若心経と向かい合い、お写経《しゃきょう》がしたい、少し心が疲れてくればお坊さんと話がしたい、仏事についても聞いてみたいなどの要望に応え、お寺を心のよりどころとして常に開放していかなければならないことは言うまでもありません。

自坊不動寺では、平成十七年から「土寺小屋《どてらこや》」という寺子屋を始めました。土曜日に開催する寺子屋ということで「土寺小屋」と名付け、今は十五人ぐらいが来てくれています。

寺子屋といえば、対象が子どもというイメージでしょうが、こちらはほとんどが大人の方です。

「土寺小屋」ではお写経を中心にして、般若心経の解説や、お釈迦さまの話し言葉で書かれた原始経典である「法句経《ほっくぎょう》」の解説、世間話などもまじえた法話《ほうわ》を行います。「土寺小屋」では途中、御弥津《おやつ》の時間もあり、この御弥津は住職や副住職が手作りしたものをお接待しています。

今まで六十種類以上のオリジナルの御弥津が提供されました。手作りのオリジナルですから、これを考えるのに大変苦労しますが、小屋生にとってみれば、土寺小屋での楽しみの一つでもあるようですから、これからも頑張って作っていこうと思っています。

＊

ここ四十年で寺の様子が大きく変化したとは言いながら、当初、強い拒絶反応を示した坊主という仕事が、一番相性よく、自分に合っていたように思えることが、私にとって最大の変化だったような気がするのです。

合掌

著者プロフィール

森田 良恒（もりた よしつね）

昭和26年、和歌山県紀の川市に生まれる。高野山大学卒業。

紀の川市の公民館主事・館長、同和教育指導員、社会教育指導員、民生委員・主任児童委員、智辨学園和歌山高校講師歴任。

平成元年、和歌山県難病団体連絡協議会設立、平成19年まで会長歴任。

平成18年、紀の川市難病患者家族会「きほく」設立。

現在、高野山真言宗不動寺住職、和歌山県難病団体連絡協議会顧問、紀の川市難病患者家族会「きほく」事務局長、全国パーキンソン病友の会県副支部長。


著書に『田舎坊主のぶつぶつ説法』（2002年）『田舎坊主の愛別離苦』（2009年）『田舎坊主の求不得苦』（2013年）『田舎坊主の闘病日記』（2019年）『田舎坊主の合掌』（2022年、すべて文芸社刊）がある。

田舎坊主の七転八倒！

2015年8月15日　初版第1刷発行
2024年12月15日　初版第3刷発行

著　者　森田 良恒
発行者　瓜谷 綱延
発行所　株式会社文芸社
〒160-0022　東京都新宿区新宿1－10－1
電話　03-5369-3060（代表）
03-5369-2299（販売）

印刷所　株式会社フクイン

ISBN978-4-286-16385-7